四国の中世城館

四国地域史研究連絡協議会◉編

岩田書院ブックレット

[歴史考古学系] H-26

岩田書院

装幀◉渡辺将史

目次

序章 発刊の経緯と本書の構成 5
一 発刊の経緯 5
二 本書の構成 7
第一章 畝状竪堀群をもつ四国の城【高知】 吉成 承三 9
―畝状竪堀群の特徴について―
はじめに 10
一 畝状竪堀群の名称・分類・編年 11
二 分布と様相 14
伊予 14 讃岐 15 阿波 17 土佐 19
おわりに 25
第二章 元吉合戦再考【香川】 川島 佳弘 29
―城の所在と合戦の意図―

はじめに……30
一　元吉合戦の概要……31
合戦までの動き　31　合戦の概要　32　合戦の背景　35　合戦のきっかけ　36
二　元吉城の所在と合戦の意図……37
合戦からみる城の様子　37　元吉城の比定　38
元吉城の立地と遺構　39　香川氏の讃岐帰国　42
おわりに……44
第三章　勝瑞城館の構造とその変遷【徳島】――重見　髙博　45
はじめに……46
一　勝瑞城館の範囲……48
二　勝瑞城館の構造と変遷……52
濠の存続時期　52　各区画の概要　56
勝瑞城館の構造の変遷と居館整備の画期　59
おわりに……63
第四章　芸予諸島の「海城」と合戦【愛媛】――大上　幹広　65
はじめに……66

一　芸予諸島の「海城」……67
二　芸予諸島の「海城」をめぐる研究……70
三　能島城跡の発掘調査……72
四　芸予諸島の「海城」での合戦と潮流・潮汐―天文年間の合戦を事例として―……75
おわりに……82

終　章　四国の中世城館研究の展望――西岡　達哉　85

一　討論に関する所見……85
二　四国地方の中世城館研究の最近の動向……87
三　四国地方の中世城館の特徴と歴史的意義……89
四　今後の四国地方の中世城館研究の課題……92
主要参考文献……95

序章　発刊の経緯と本書の構成

一　発刊の経緯

本書は、平成二十九年（二〇一七）に開催された四国地域史研究連絡協議会・香川大会の成果をもとに上梓された。大会開催の主体である四国地域史研究連絡協議会の設立経緯やこれまでの歩みについては、同会が編集した『四国の大名　近世大名の交流と文化』プロローグ（岩田書院、二〇一一）、唐木裕志「四国地域史研究連絡協議会　一〇年の歩み」（地方史研究協議会編『地方史研究』三九三号、二〇一八）等に委ねるが、四国四県の歴史、民俗系の研究会・研究団体によるゆるやかな連携を目的として発足した協議会は、平成十九年の愛媛県を出発点に、香川県・徳島県・高知県の順に毎年持ち回りで研究大会を開催し続け、平成二十九年の香川大会で十回を数えるに至った。

十回目の大会は、「四国の中世城館―四国の戦国城館と合戦のあり方を探る―」をテーマとし、次のような次第で開催された。

日時　二〇一七年十二月十六日（土）一二時三〇分～一七時〇〇分

会場　香川県立ミュージアム　地下一階　講堂

開会、挨拶、趣旨説明

研究報告（各三十五分）

勝瑞城館の構造とその変遷　重見髙博（徳島）
畝状竪堀群をもつ四国の城―畝状竪堀群の特徴について―　吉成承三（高知）
芸予諸島の「海城」と天文年間の合戦　大上幹広（愛媛）
元吉合戦再考―城の所在と合戦の意図―　川島佳弘（香川）

討論（六十分）
司会　西岡達哉（香川）
参加者　重見・吉成・大上・川島（報告順）

主催　四国地域史研究連絡協議会　四国中世史研究会　香川歴史学会
共催　香川県立ミュージアム
後援　地方史研究協議会　徳島地方史研究会　高知海南史学会　高知近代史研究会　土佐史談会　伊予史談会　愛媛大学四国遍路と世界の巡礼研究会　愛媛資料ネット（芸予地震被災資料救出ネットワーク愛媛）　ソーシアル・リサーチ研究会　香川へんろ研究会　香川民俗学会　東かがわ市歴史民俗資料館友の会　三豊史談会（順不同）

本大会はテーマに「中世」を掲げたことから、四国中世史研究会に協力を願い、主催として参加してもらった。同研究会は、昭和五十六年（一九八一）に愛媛県松山市で開催された地方史連絡協議会第三十二回大会を契機に誕生し、現在も活動を続けている組織である。「四国」というまとまりによる歴史研究活動の先駆者であり、四国地域史研究連絡協議会発足にあたって参考とした存在である。四国を拠点とする新旧の二団体が共同して大会を開催したことは、両会のあゆみにおいて画期となるものであり、今後の地域研究の展開が期待できよう。

四国地域史研究連絡協議会の大会における成果の一部は、『岩田書院ブックレット　歴史考古学系』シリーズとして刊行されている。二〇一七年香川大会についても報告および討論をもとに成果をまとめることとし、各報告者にご寄稿いただいたのが本書である。終章は、大会での討論の進行を担当した司会者に執筆いただいた。

二　本書の構成

大会テーマを「四国の中世城館」に設定したのは、前年（平成二十八年）に愛媛県で開催された四国地域史研究連絡協議会大会のテーマが「四国の城を考える」であったことを受けている（同大会の成果は、岩田書院ブックレット『四国の近世城郭』〈四国地域史研究連絡協議会編、二〇一七〉としてまとめられている）。そこで対象となったのが織豊期以降に築造された城郭であったことから、それ以前に存在していた四国の城郭や館について考えてみてはどうかというのが出発点であった。本書掲載の各論考や参考文献にも掲げられているが、四国四県の中世城館跡については、分布調査が行われ、県ごとの差はあるものの、所在や遺構状況について一定程度の把握がなされている。これらの成果を四国という枠組みで通観することで見えてくるものがあるのではないだろうか、ということで設定されたテーマであった。

報告者の選定については、各県に委ねたが、城郭に限らず、館も含めて選んでもらうよう依頼した。その結果、山岳部に所在する城郭、平地に所在する館、島嶼部に所在する城郭と、多様な性格の城館が対象となった。また、発掘成果に基づく考古学的な考察や、城郭構成（縄張り）からの分析だけではなく、文献史料や地形・周辺環境からの分析も含まれることになった点が本大会の特徴となった。

大会では報告順を概ね時代順となるように構成したが、本書では大きく改め、各城館の性質に基づく構成とした。

山岳部の城郭を中心に「畝状竪堀群《うねじょうたてぼりぐん》」を軸として四国全体に言及した吉成論考を第一章に配し、同じく山岳部の城郭である讃岐国の元吉城における合戦に焦点をあてた川島論考を第二章とした。第三章には平地部に所在する館・勝瑞城を題材とした重見論考、第四章に芸予海峡の島嶼部に所在する「海城」を題材とする大上論考を配した。終章には司会を担当いただいた西岡氏による論考を掲載している。くわしくは終章で説明されているが、討論は各報告に対する個別の議論に終始することを避けるため、「城とは何か」という問いを軸に司会者の主導のもとに展開された。討論での成果を手掛かりとして、四国の中世城館研究についてまとめ、今後の課題を提示している。なお、大会当日の討論の様子については『香川史学』四五号〔香川歴史学会、二〇一八〕に掲載されている。本書と併せてご参照いただきたい。

四国内では二七〇〇箇所を超える中世城館跡が存在し、さらにさまざまな研究視角を取り得る状況において、「四国の中世城館」の歴史的性格や特徴を本書のみで語ることは不可能である。しかしながら、多様な城館の形態、それに対する分析手法と成果を提示した本書は、今後の中世城館研究に益するものとなろう。

討論の最後に司会者の西岡氏が言及したように、中世期、特に戦国期の城郭遺構は意外なほど多く存在し、日常の生活・活動圏内に所在する身近な歴史遺産のひとつである。地域史に近づく入口として、中世の城や館の跡は格好の題材となりうる可能性を秘めていよう。本書が地域のあゆみに対する関心をもつ、あるいは理解を深める契機となることを願ってやまない。

なお、ブックレットという本書の性格を鑑み、史料の引用等は最小限度にとどめ、註を付さなかった。典拠については〔執筆者　発行年〕と表記し、巻末に「参考文献」としてまとめて示したのでご参照いただきたい。

（文責：御厨義道〔香川歴史学会〕）

第一章　畝状竪堀群をもつ四国の城―畝状竪堀群の特徴について―

吉成　承三

図１　西山城跡堀切と畝状竪堀群

はじめに

四国では近年、香川県（香川県教育委員会二〇〇三）、徳島県（徳島県教育委員会二〇一一）が中世城館分布調査報告書で各県内の城館分布調査を実施した。香川県三九〇ヶ所、徳島県では四一八ヶ所の城館跡が確認されている。愛媛県は一九八七年に分布調査を行っており、一二三四ヶ所を踏査した結果、文献等と一致し遺構が確認できる城館七六六ヶ所、所在地は確認したが消滅した城館一七六ヶ所、所在が確認できなかった城館二九二ヶ所としている（愛媛県教育委員会一九八七）。高知県は一九八四年に実施したが、縄張り図を含めた城館の詳細な概要については一部しか触れられていない（高知県教育委員会一九八四）。なお、一九九八年にまとめた「高知県遺跡詳細分布調査成果一覧」（高知県教育委員会一九九八）では七一四ヶ所と報告されている。

これらの四国の城館には「畝状竪堀群《うねじょうたてぼり》」「連続竪堀群」と呼ばれる遺構を配する城館がいくつかみられる（図2）。四国の各地域にみられる「畝状竪堀群・連続竪堀群」をもつ城の特徴から、今までは「長宗我部氏」に関連する城跡、秀吉の「四国攻め」に対し、臨時的に造られたものなど領域支配者層及び社会的な背景を要因の一つとして様々な見方がなされてきた。

本稿では、今までの研究成果をふまえ、四国の城館分布調査報告書に掲載されている資料から「畝状竪堀群・連続竪堀群」と呼ばれる遺構が配置されている城館をピックアップし、分布的特徴、そして、竪堀の形態差、及び土塁・横堀との関連性から比較検討を行いたい。

一　畝状竪堀群の名称・分類・編年

ここでは、畝状竪堀群について今までの代表的な研究を振り返ってみる。まず、名称についてであるが、竪堀を連続して配置した遺構にいち早く着目したのが新潟県出身の田中寅吉氏であり、一九五九年に論考「与板城」（田中一九五九）、「越後地方に多い城郭の特異施設」（田中一九五九）を発表している。この田中寅吉氏の論考に注目し、同じ新潟県出身の伊藤正一氏は、新潟県内の事例を集め整理し、地元の柏崎市郷土誌で「戦国期山城跡の畝形施設について」として発表している（伊藤一九七七）。さらに、一九八五年に開催された第二回全国城郭研究者セミナーでは「畝状阻障」*という用語を仮称として命名し定義付けた（伊藤一九八五）。その後、「畝型阻障」「畝状空堀群」「畝状竪堀群」「連続竪堀群」等の名称が出現し、今日に至る。

＊「畝状阻障」＝「戦国期の山城跡に見出される防御施設の一つ。城壁（切岸）の下際などに土塁、堀を畝のように交互に密接、並列してしつらえる。」（伊藤一九八五）

次に編年については、一九八〇年代に村田修三氏・千田嘉博氏により、広域的な編年がなされた。村田氏は「永正年間（一五〇四～一五二一）に祖型が発生→天文年間（一五三二～一五五五）に普及、永禄期（一五五八～一五七〇）に画期」（村田一九八五）とし、千田氏は「永禄～天正年間に出現→天正後半期に全国的に発達」とし横堀の有無に着目した二分化編年を提唱した（千田一九八九）。これらの広域編年に対し、永恵裕和氏は、畝状竪堀群についての機能・系統論については停滞しており、横堀とのセット関係による時期区分をしたことによって、竪堀が群を成す変遷が不明確になったとして、地域ごとの編年で全国編年を較正する必要性を唱え、丹後国の城館事例から「竪堀で構成される畝状

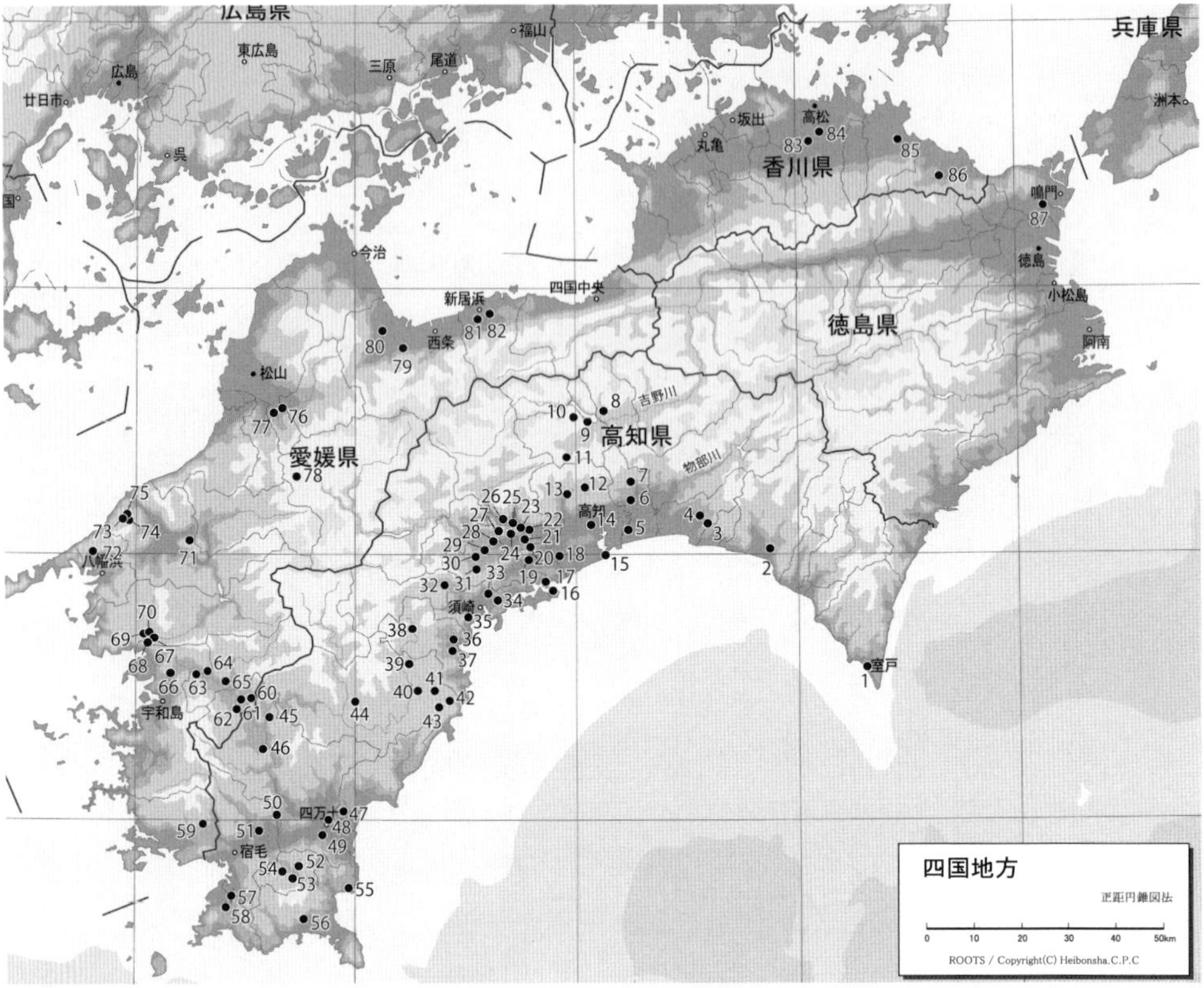

図２　竪堀群がみられる主要な城郭分布図

高知県

1　室津城
2　安芸城
3　尼ヶ森城
4　岩神城
5　蛸ノ森城
6　岡豊城
7　亀岩城
8　本山城
9　和田城
10　和田西城
11　古井ノ森城
12　秦泉寺城
13　万々城
14　潮江城
15　浦戸城
16　井尻城
17　神崎城
18　吉良城
19　蓮池城
20　人麻呂様城
21　波川城
22　音竹城
23　麓城
24　土岐城
25　葛掛城
26　能津城
27　平野城
28　長竹城
29　松尾城
30　佐川別城
31　小藤山砦
32　姫野々城
33　畦田城
34　針木城
35　岡本城
36　西山城
37　久礼城
38　大野見城
39　米ノ川城
40　影山城
41　本在家城
42　中越城
43　茂串山城
44　和田林城
45　江川城
46　辰巳城
47　西本城
48　中村城
49　山路城
50　竹葉城
51　布城
52　上長谷城
53　下長谷城
54　柚ノ木城
55　布城
56　猿野城
57　添ノ川城
58　弘見城

愛媛県

59　猿越城
60　春日城
61　大森城
62　親行城
63　岡本城
64　雨乞城
65　竹ヶ森城
66　萩ノ森城
67　黒瀬我合城
68　鉢ヶ森城
69　岡城
70　黒瀬城
71　元城
72　飯森城
73　永田城
74　笠間城
75　花林城
76　尉之城
77　大戸城
78　虎太郎城
79　小松獅子ヶ鼻城
80　杉尾山城
81　金子山城
82　岡﨑城

香川県

83　音川城
84　上佐山城
85　雨滝城
86　虎丸城

徳島県

87　木津城

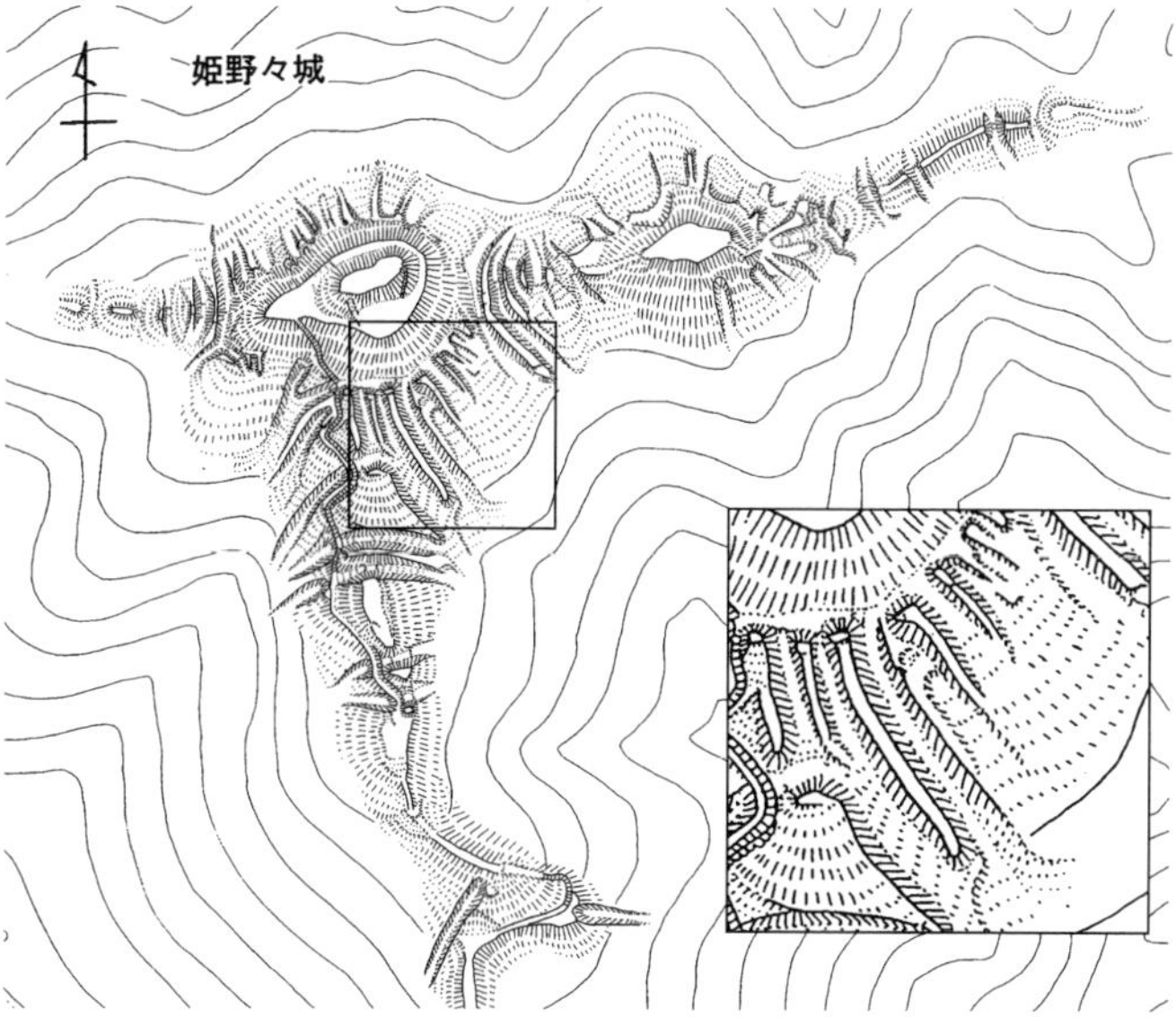

図３　姫野々城跡（作図：大久保2005に一部加筆）

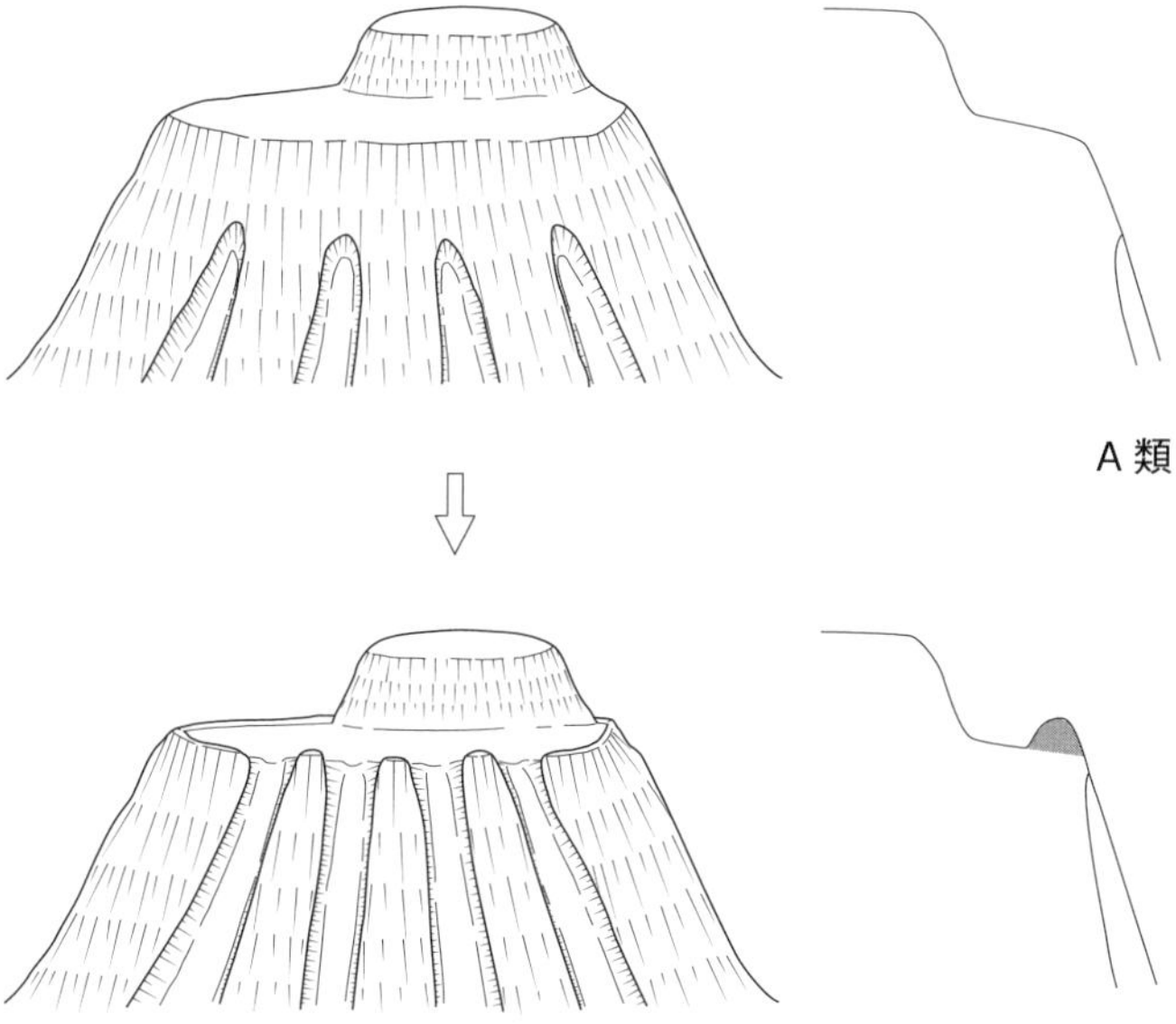

図４　連続竪堀群Ａ・畝状竪堀群Ｂ 模式図

竪堀群（A類）から竪土塁で構成される畝状竪堀群（B類）へ」と土塁の有無に着目した分類・変遷を提示した（図4）〔永惠二〇一二〕。また、工法による竪堀の分類については、大久保健司氏が土佐国の城館事例から、斜面を熊手で削り取るようなスクラッチ型（A類「連続竪堀群」）と、竪土塁を放射状に配置するビルド型（B類「畝状竪堀群」）（図3）に分類をしている〔大久保二〇〇五〕。

このように畝状竪堀群についての議論は、各地域の城館にみられる竪堀の構造・主郭との関連性から、遺構の変遷を見ていく方向に進んできている。ただ、時期の詳細は、畝状竪堀群をもつ城の遺構自体の発掘調査事例が僅少で詳細な把握は難しいものと思われる。

土佐の城郭に見られる畝状竪堀群の形態は、先述した大久保氏の分類のように二タイプがみられる。これらの竪堀群についての変遷及び編年について高知県では詳細な検討はなされていないため、発掘調査が行われた城郭の調査成果から竪堀群の時期について次節で検討してみたい。

二　分布と様相

ここでは、畝状竪堀群が顕著にみられる四国の城館について概観する。地域色があり、分布にムラがあるが、今回は各県の城館分布調査報告書から八七城跡を抽出し分布地図を作成した（図2）。前記載の大久保氏の定義によって明確にA類「連続竪堀群」とB類「畝状竪堀群」が確認できる特徴的な城跡を抽出し、各県ごとの様相に触れる。

伊予

伊予の城郭の中で連続竪堀が確認されている城跡は二四城跡。その内、連続堀切とセットになる城は岡本城跡（宇和郡三間）・小松獅ヶ鼻城跡（西条市小松）・虎太郎城跡（上浮穴郡久万高原町）があげられ、池田誠氏による長宗我部氏型に分類される〔池田一九九六〕。これらの城の特徴は、尾根筋鞍部に堀切を連続して構築し、それらの堀切から斜面にそのまま竪堀延長し築き並べていることで、池田氏によると、愛媛県内では他の城館の中では特異な遺構として位置付けることができ、天正年間に長宗我部氏が伊予侵攻の際に街道筋に面した拠点的な城郭に取り入れた遺構として、位置付けられている。

愛媛県内の畝状竪堀群を配する城郭で発掘調査が行われた城郭としては、大洲市に所在する大洲元城跡が挙げられる（図5・6）。この大洲元城跡については、宮尾克彦氏により縄張図が作成されており、一九九九年に高速道路建設に伴い、愛媛県埋蔵文化財調査センターにより発掘調査が実施された〔愛媛県埋蔵文化財センター二〇〇二〕。城跡は標高一二二mの丘陵上に立地し、一部後世の改変を受けているが、五つに分割された曲輪の周囲は切岸にしており、主郭と考えられる北面切岸下には横堀が一部に巡り、一三本もの竪堀が放射状に配される。主郭背後の区画は堀切・連続堀切を配置する。発掘調査では、中国産陶磁器・備前焼・石臼・硯・釘・土錘・土師器皿などが出土し、これら遺物からみた帰属時期は十六世紀後葉に位置付けられ、元城跡の竪堀群は永禄年間から天正年間頃に構築されたものと考えられる。この北面に配された畝状竪堀群は、横堀構築時の土によって竪堀基部を土塁状にしており、ビルド型に属する構築物である。この横堀＋畝状竪堀の構造がみられる城跡は、周辺では猿越城跡（一本松町）、黒瀬城跡・岡城跡（宇和町）に認められる。

讃岐

『香川県中世城館跡詳細分布調査報告書』記載の池田誠氏による分類では、「畝状竪堀群」「二・三重堀切」「土塁囲み」が長宗我部系城郭の特徴の一つとして捉えられている〔池田二〇〇三〕。これらの遺構を兼ね備えた城郭としては

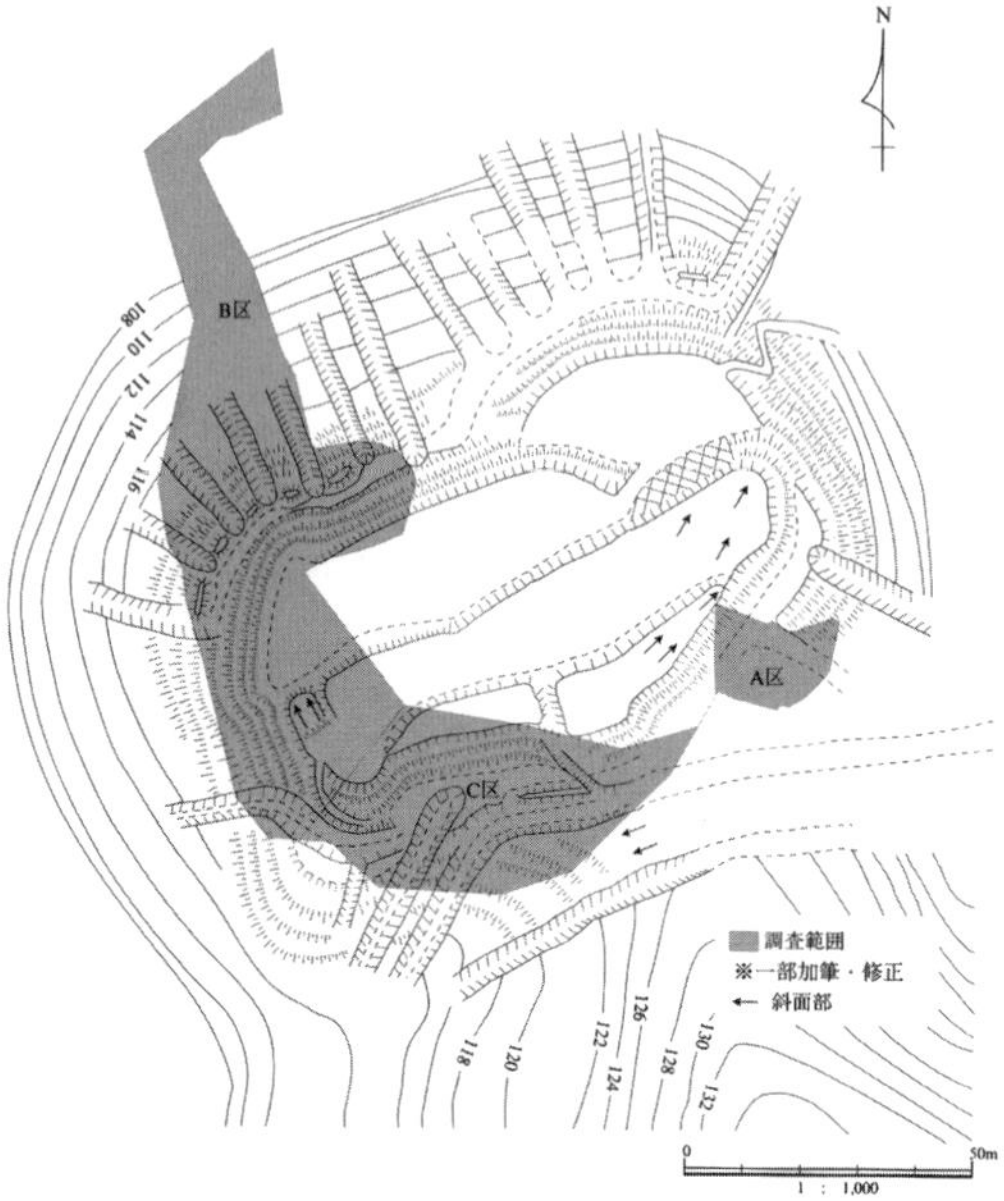

図５　大洲元城跡(作図：宮尾克彦を一部加筆)(愛媛県埋蔵文化財センター2002より)

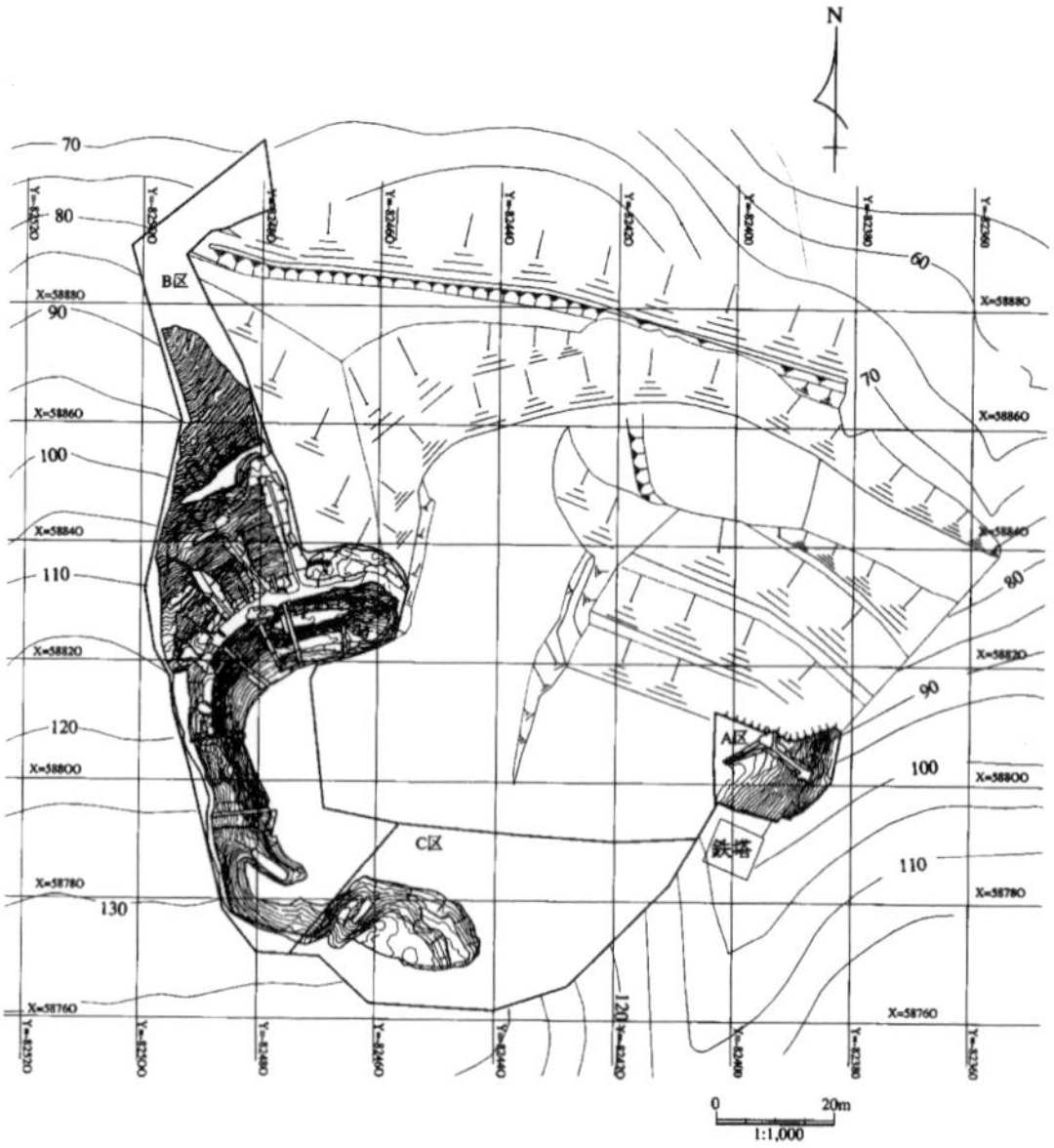

図６　大洲元城跡調査区全体図(作図：宮尾克彦を一部加筆)(愛媛県埋蔵文化財センター2002より)

音川城跡（香川郡）・興昌寺山参考地（豊田郡）が挙げられる。音川城跡の竪堀は、横堀から竪堀を落とし、さらにその横に竪堀を築き並べた形態であり、城跡の立地が阿波と讃岐中部への交通路である事から、香東川ラインに沿った長宗我部系の「繋の城」（阿波―音川城跡―上佐山城―藤尾城―古高松守護所ライン）とみられている。

上佐山（王佐山）城跡（高松市）は高松市に所在し、高松平野が一望できる標高二五五ｍの丘陵上に立地する（図７）。比高差一九〇ｍの丘陵に連続して曲輪を配置し、主郭と考えられるⅠ郭から北方及び東方に延びる尾根に小規模な曲輪が連続し、北端および東端に配置された曲輪の斜面部に連続竪堀群が配置される。北端曲輪斜面に配置した八本に及ぶ連続竪堀群は、香川県唯一である。「繋の城」の中でも中心的な性格の城として池田氏は注目している。

香川県東部の大川郡に所在する虎丸城跡は、標高四二〇ｍの虎丸山頂部と四方向に伸びる尾根上に立地する。北の谷部に六本の連続した竪堀が配されるが、主郭から離れた位置であり、谷中央部に配されている点からみて、連続竪堀群として機能していたかどうかは不明である。虎丸城は隣接する阿波三好氏に関連する城とされており、元亀三年（一五七二）、寒川氏から阿波の三好長治に城主が代わる。その後、三好氏の家臣についた安富氏に代わり、その後、天正十年（一五八二）には十河氏が入るが、天正十二年頃に長宗我部氏の征圧により落城したとされる。

阿波

阿波国内では、畝状竪堀群が配されている城跡は鳴門市に所在する木津城跡がある。木津城は鳴門市東部阿讃山脈南麓の標高六四ｍの独立した丘陵に立地する（図８）。城跡からは南に勝瑞城跡、さらに吉野川を挟んで一宮城跡まで視野に入る。南麓の撫養街道など交通の結節点に位置する。城跡の東頂部は昭和三十年代に上水道配水池が建設され、さらに西頂部も土取りが行われ原形を留めていない。現存する遺構は、主郭北側の帯曲輪と、それを北側から取り囲む横堀と五本の連続竪堀である。本田昇氏により一九九六年に縄張図がとられ、その存在が明らかとなった。

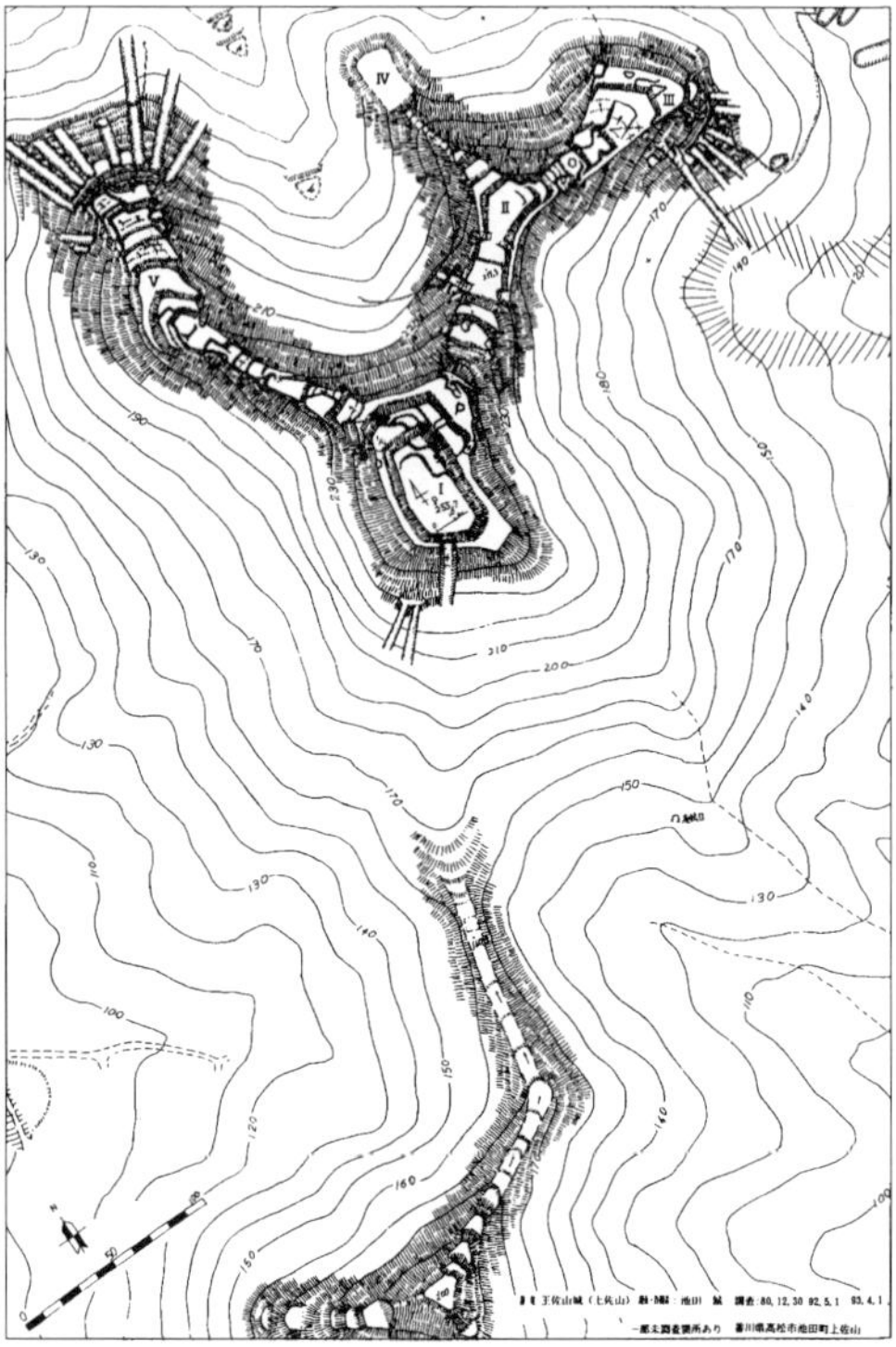

図７　上佐山城跡（作図：池田誠）（香川県教育委員会2003より）

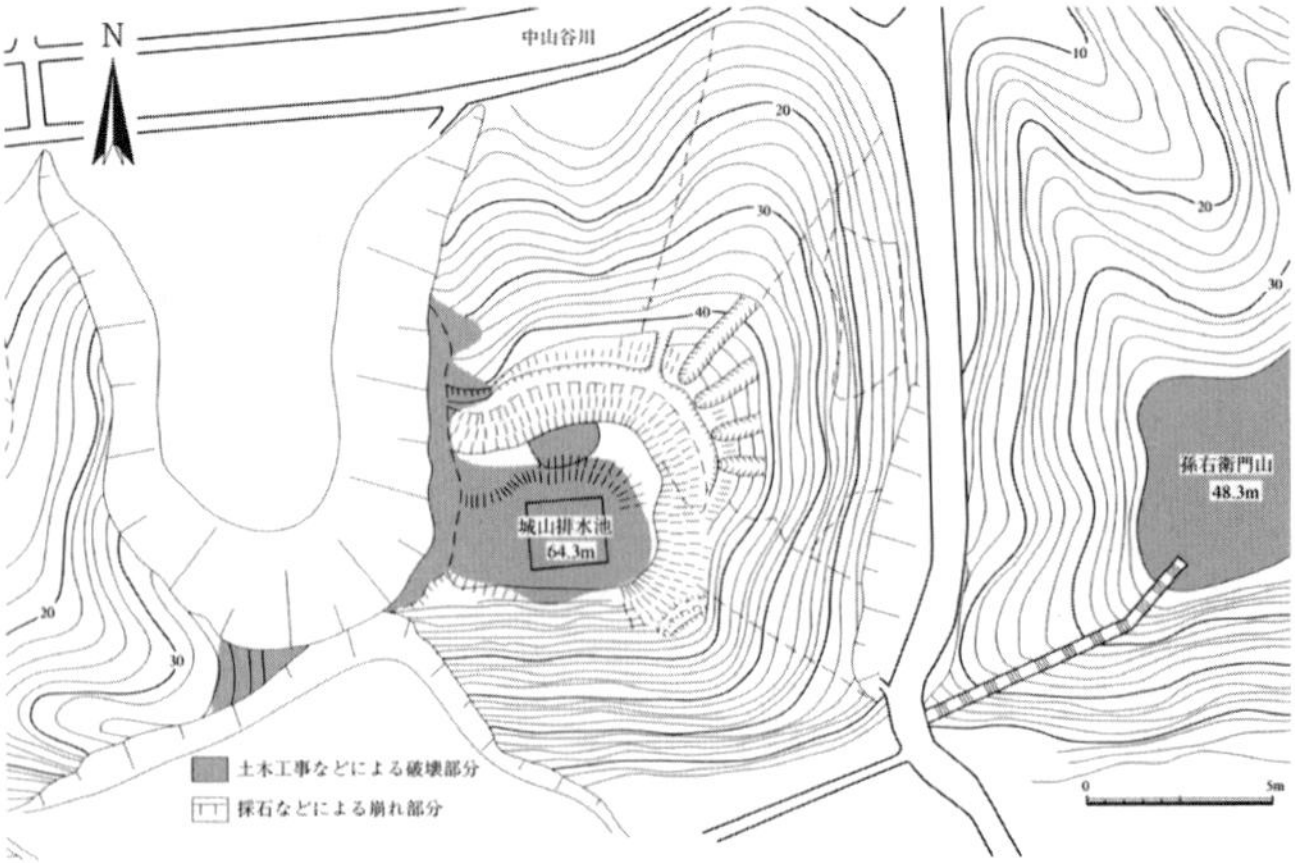

図８　木津城跡（作図：本田昇を一部加筆）（徳島県教育委員会2011より）

二〇〇四年度に鳴門市教育委員会により、遺構の残存状況を確認する目的で地形測量と部分的な発掘調査が実施されている。帯曲輪では礎石建物跡一棟を検出した。帯曲輪の切岸は高さ七mでほぼ垂直に地山をカットし、直下の横堀は長さ九〇m以上、幅三・六m前後を測り、断面形は箱形を呈し、外縁は土塁を設ける。発掘調査で、竪堀は横堀と連結され、土塁を分断する形で配置されることが判明した。帯曲輪では厚い焼土層が確認され、焼土層から備前焼擂鉢・甕・水屋甕・徳利の他に、青磁酒会壺・香炉、青花皿・大皿、印花を施すベトナム産白磁碗、青海波文軒平瓦などが出土し、遺物の時期は概ね十六世紀後半に位置付けられる。

木津城跡は、永禄〜天正十年（一五八二）、小笠原氏の一族、篠原肥前守自遁《じとん》が居城。同年、長宗我部氏が阿波制圧後、元親は元桑野城主「東條関之兵衛」を木津城の城監としたとされる（「城跡記」「古将記」）。「木津ニハ元親ヨリ城ヲ構ヘテ」（『三好記』）、「木津・一宮両城は元親新築之」（「藤家忠勤録」）などの記事が残ることから、この時に木津城跡を大幅に改修されたものと思われる〔森ほか二〇一一〕。

土佐

土佐国内で連続竪堀群・畝状竪堀群が配される城は五八城跡と四国の中でも多い。県内において連続・畝状竪堀群が占める割合を郡別に見ると、東部から安芸郡一・八％、香美郡三・七％、長岡郡五・五％、土佐郡一一・一％、吾川郡三・七％、高岡郡四八・一％、幡多郡二五・九％を占め、高岡郡内での密集度は特筆される〔大久保二〇〇五〕。特に、仁淀川中・下流域、四万十川上流域にライン状の分布がみられ、大久保氏の見解ではビルド型が多く認められるとのことである。これらの城郭の縄張りからみた内容については、大久保氏の報告を参照されたい。大久保氏は県内の城郭に見られる竪堀群について、先述したようにスクラッチ型（連続竪堀群）とビルド型（畝状竪堀群）に分類し、その分布を述べている。ここでは、発掘調査が行われた高岡郡に所在する竪堀群が配される城郭の内、発掘調査が実

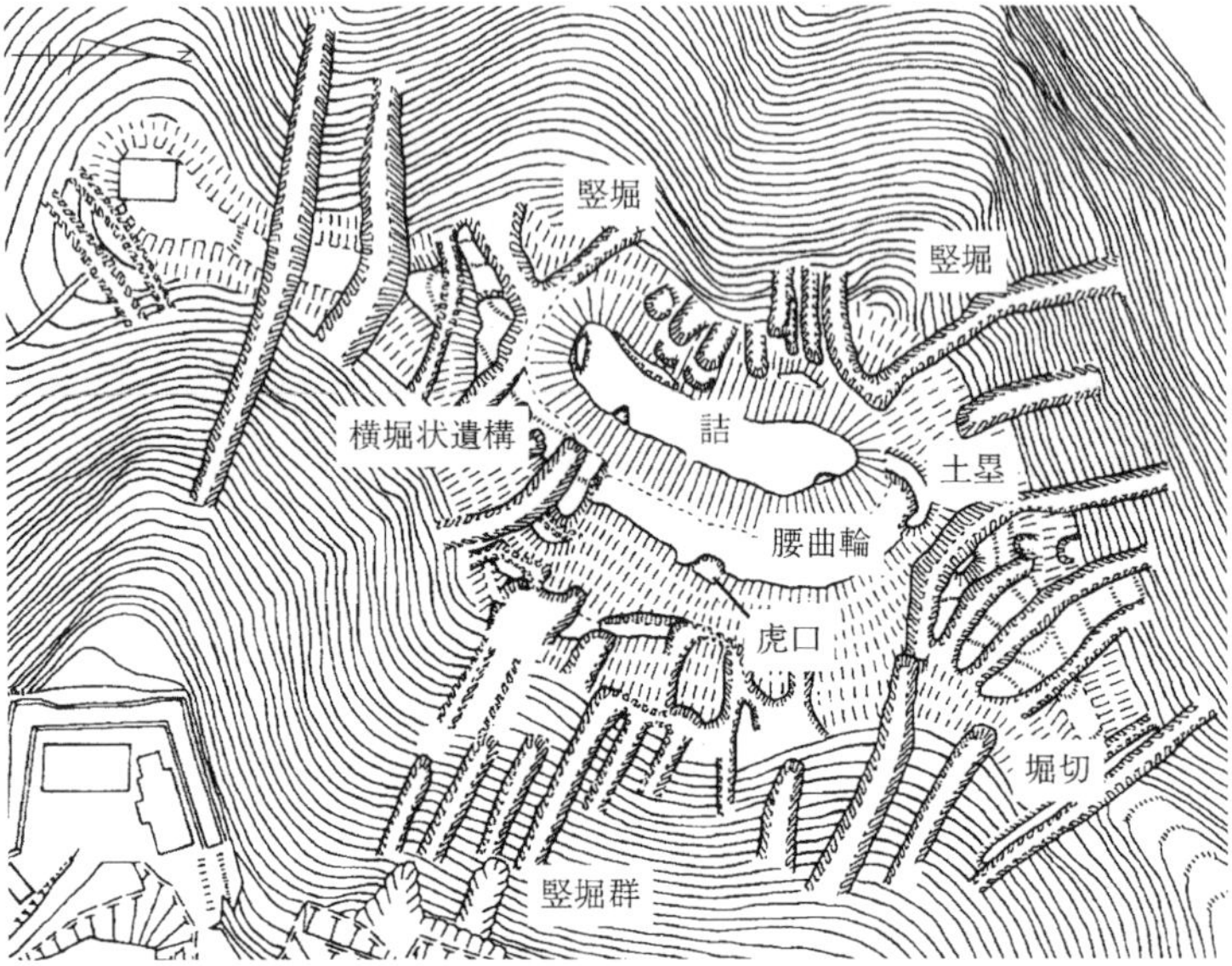

図９　西山城跡（作図：宮地啓介を一部加筆）（高知県文化財団埋蔵文化財センター2008より）

図10　西山城跡遠景（東上空より）

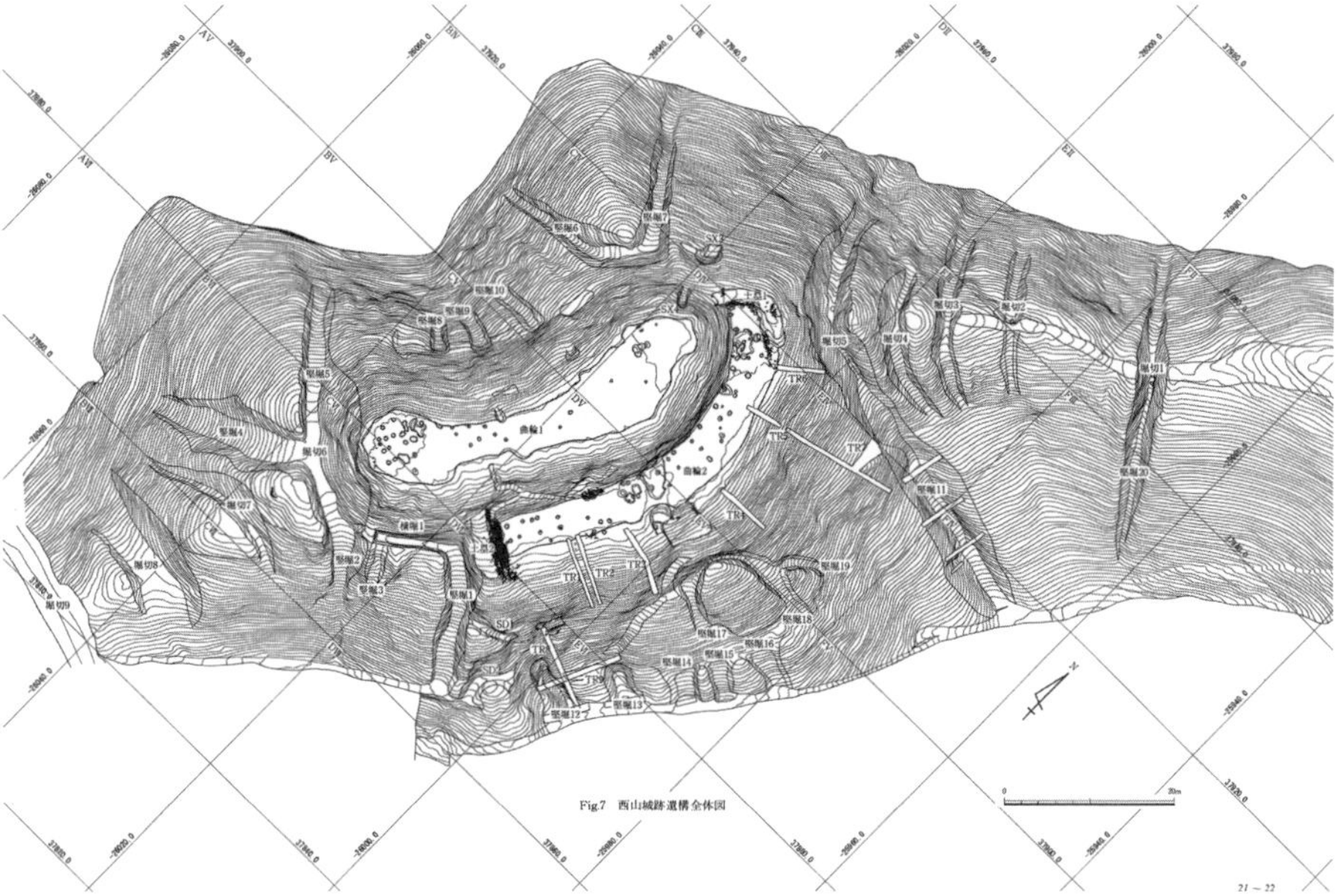

図11　西山城跡地形図

図12-１　腰曲輪石積み土塁

図12-２　腰曲輪掘立柱建物跡

図12-３　石積み土塁断面

図12-４　竪堀断面

施された城郭をみていきたい。

まず、連続させた竪堀群を配した城郭が多く分布する高岡郡の事例を紹介する。

中土佐町に所在する西山城跡は、二〇〇四・二〇〇五年に高速道路建設に伴い発掘調査が実施された（図9～12）〔高知県文化財団埋蔵文化財センター二〇〇八〕。主郭は一〇〇㎡弱の詰に該当する平坦部と比高四～五m前後下に腰曲輪が付属する。発掘調査では、腰曲輪の両端に石積みが伴う土塁が検出され、この土塁に接し、掘立柱建物跡も検出された。主郭の東斜面及び西斜面には竪堀群が合計一七本、南北の尾根には連続する堀切が合計一〇本配される。内、主郭直下の堀切は竪堀を付け足し、U字型を呈する。発掘調査で出土した遺物は、土師質土器（杯・皿）、瓦質土器（風炉・火鉢）、備前焼（擂鉢・壺・甕・水屋甕）、青磁・白磁・青花など貿易陶磁器、鉄器、銅製品、銭貨、石製品が出土し、これら遺物から見た帰属時期は

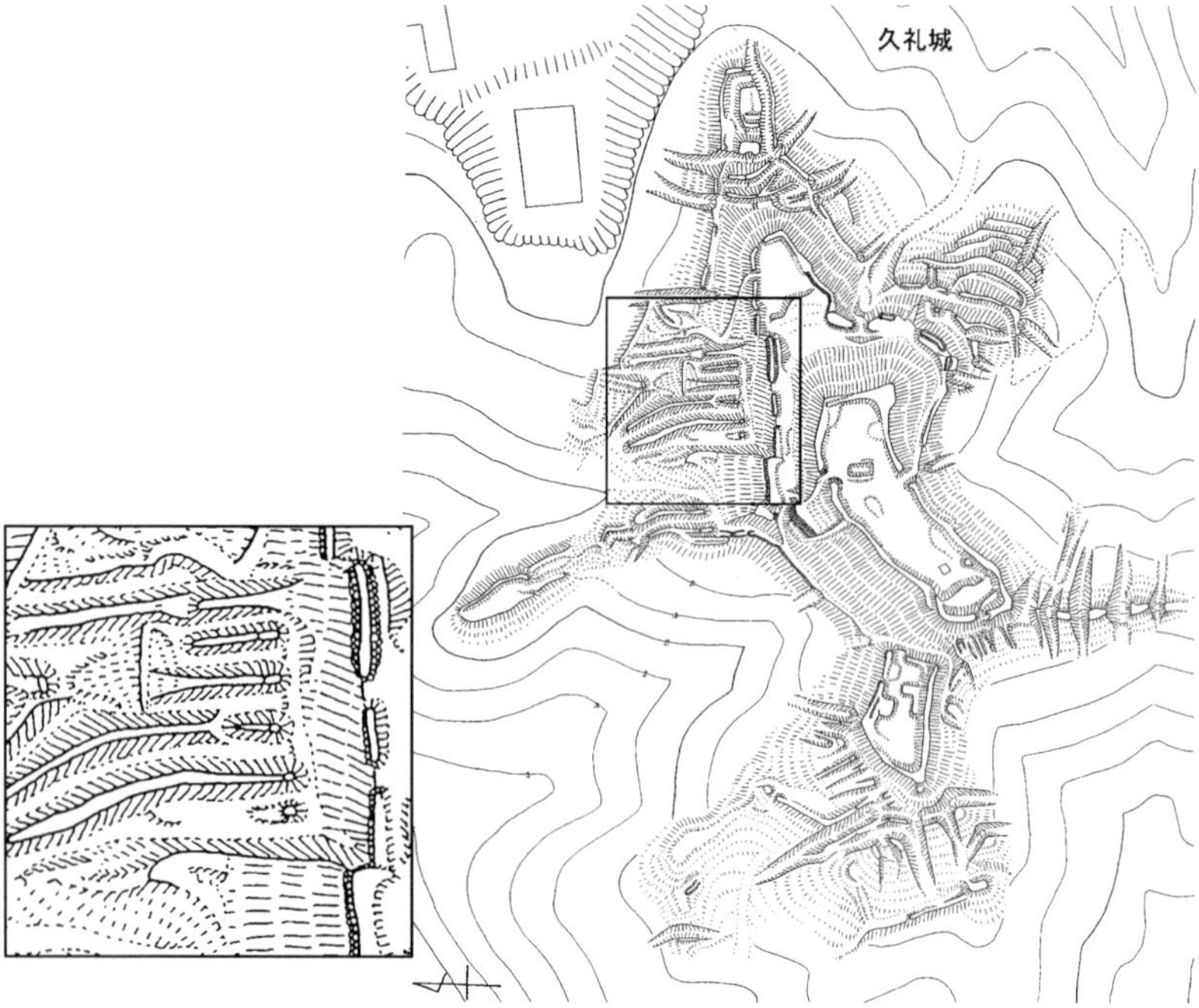

図13　久礼城跡（作図：大久保2005に一部加筆）

十五世紀～十六世紀中葉である。

この西山城跡の一㎞ほど南方に久礼城跡がある（図13）。西山城跡に比べ主郭の規模が大きく連郭式山城である。また、両袖型虎口を採用し、主郭北斜面には整然とした畝状竪堀群が配置される。一九八三年に町史編纂のために久礼城跡の試掘確認調査が行われた（中土佐町教育委員会一九八四）。主郭は標高一〇三mに置かれ、詰に相当する平場は東西約七〇m、最大幅二一mを測り、一四〇〇㎡ほどの広さを持ち、周囲に土塁が巡る。試掘調査では、この平場の西端部で桁行八間、梁行四間の礎石建物跡、さらに東端部で桁行六間、梁行二間の礎石建物跡が検出された。土塁には腰巻石が認められる。出土遺物は僅少で土師質土器・青花・鉄釘等であり、青花は蓮子碗で十六世紀後半頃のものと思われる。

この西山城跡と久礼城跡を比較した場合、西山城跡の竪堀は大久保氏の分類のスクラッチ型であるのに対し、久礼城跡は竪土塁を伴ったビルド型であり、主郭直下の竪堀基部は横堀状を呈する。主郭の規模・形態、虎口の有無、礎石建物跡や出土遺物などからみて西山城跡よりも久礼城跡の方が新しく、中土佐町域では北斜面の土塁を伴うビルド型の竪堀群が久礼城跡の段階から採用されたことがわかる。西山城跡から、港湾を見据えた拠点的城郭としての久礼城跡への変遷を追う事ができる。久礼城跡は佐竹氏の居城とされており、佐竹氏は南北朝期には北朝方に属していた。天文年間頃には一条氏に属し、元亀二年（一五七一）には長宗我部氏の配下となる。

次に、中土佐町北部に隣接する津野町（旧葉山村）に所在する姫野々城跡をみてみる。三方（西・東・南）に伸びる尾根の頂部に主郭を配置する。主郭は詰を囲み南東と南西側が平場としての広さを持った帯曲輪が巡る。北斜面に連続竪堀群（A類）、南東斜面に畝状竪堀群（B類）を放射状に配置する（図3）。南東斜面の竪堀群は、基部を土塁状に盛り上げる事から横堀状に凹み竪堀と連結する。南東谷部からの侵入に備え配置されている。三方（西・東・南）に伸びる

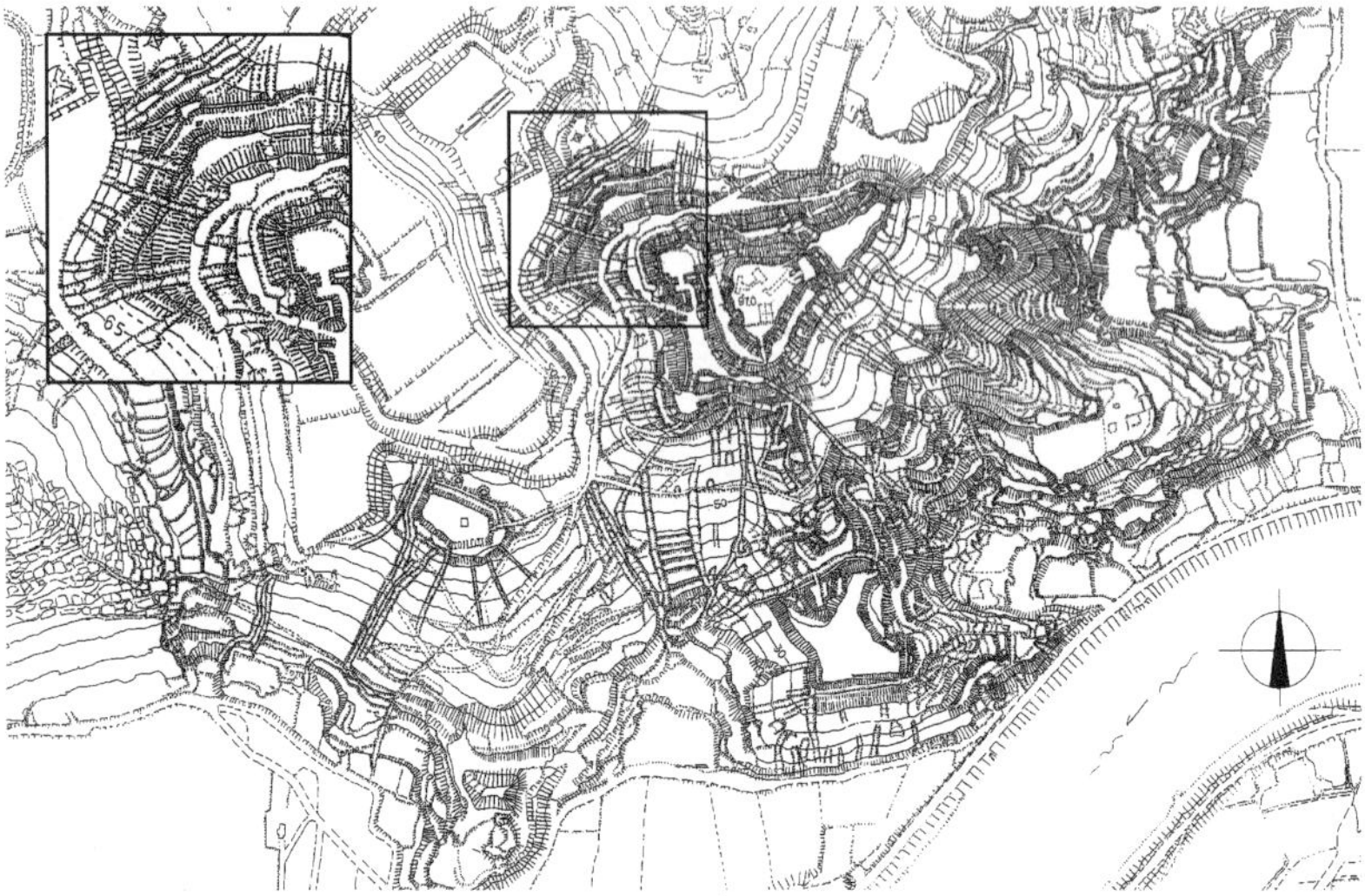

図14　岡豊城跡縄張図（作図：池田誠）

尾根筋には二～四条の連続堀切を配置し、西尾根・東尾根の主郭直下の堀切は竪堀と連結しU字型を呈する。主郭から東に伸びる尾根上には、連続堀切を挟み「東本城」と呼ばれる小規模な曲輪を配置し、斜面にも竪堀（A類）を配置する。

一九九四・一九九五年に公園整備事業に伴い姫野々城跡の試掘確認調査が実施された（葉山村教育委員会一九九五・一九九六）。帯曲輪では南西と東に張り出す平場で礎石建物跡が検出され、土師質土器（杯・皿）、瓦質土器（風炉・羽釜）、備前焼（擂鉢・壺・甕）、古瀬戸（折縁皿・おろし皿）、青白磁（梅瓶）、青磁（碗・皿・盤・香炉）、白磁（碗・皿）、青花（皿・碗）、鉄器（鉄釘）、銅製品（飾り金具）、石製品（石臼）など、多数の遺物が出土した。遺物の帰属時期は十四世紀～十六世紀後半まで多岐にわたるが、量的ピークは十五世紀代が占める。

姫野々城跡は高岡郡一帯を納めていた津野氏の居城とされているが、天文年間には一条氏に攻められ一条氏が入城する。その後天正年間には、長宗我部元親の三男親忠を津野氏の養子として迎え入れる。

高岡郡内には他にも竪堀群を配した城館が多く分布してお

り、中土佐町に隣接する四万十町や、四万十町から中土佐町山間部の大野見にも街道や河川沿いに分布する。

次に、土佐中央部に位置する岡豊城跡についてみてみたい〔図14〕〔高知県教育委員会一九九〇〕。岡豊城跡は長宗我部氏の居城であり、南国市岡豊に所在する。四ノ段北西下に横堀＋竪堀のビルドタイプの竪堀群。四ノ段の発掘調査で出土した遺物の内容をみると十六世紀後半代が中心であり、詰ノ段では「天正三年（一五七五）」の紀年銘の入った瓦が出土した。この頃に四ノ段を含めた主郭西側に虎口・横堀・竪土塁を導入し、より強固な城として改変したものと考えられる。

岡豊城跡（土佐）・大洲元城跡（伊予）・木津城（阿波）にみられる竪堀群は、横堀と土塁を伴う特徴がある。岡豊城跡は四ノ段西側に配置され、虎口・土塁・横堀を伴う。大洲元城跡は北面の切岸下の横堀と土塁を伴う。木津城跡は主郭北側の帯曲輪、それを北側から取り巻く横堀と五本の畝状竪堀群で構成される。この三城跡の共通している点は、主郭切岸直下を横堀状に凹ませ、外側縁辺に土塁を構築し、連続する竪堀を構えること、また、三城跡とも街道を見据えた場所に立地することで、発掘調査で出土した遺物から三城跡とも十六世紀後半に位置付けられており、横堀・土塁で構成される竪堀群は、この段階に局所的に再構築した遺構として位置付けられる。

おわりに

最後に今後の課題として、複合的に使われる城について述べておきたい。

姫野々城跡では、北斜面に連続竪堀群（A類）、南から南東斜面に畝状竪堀群（B類）を放射状に配置している。南東

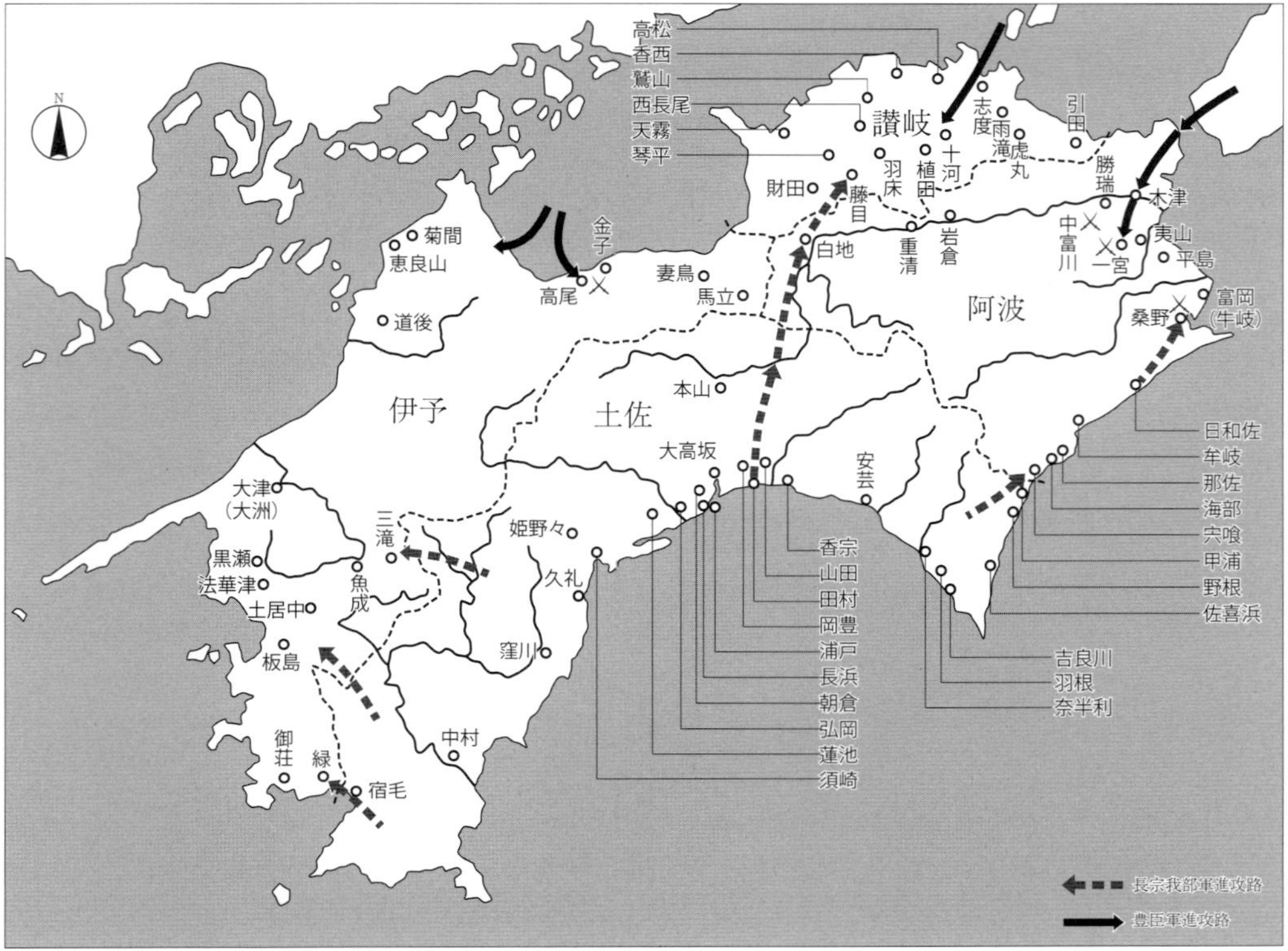

図15　長宗我部軍侵攻図(『図説 高知県の歴史』を参照。一部加筆)

斜面の畝状竪堀群（B類）は南東下部の谷及び南尾根からの侵入に備えた遺構であり、尾根鞍部の堀切も竪堀で連結し、これらのレーンが集約された要の場所に構築されている。一方、北斜面は放射状に配置したのみで視覚的効果を図ったものと思われる。双方とも、上方の帯曲輪との関係性でいえば同時期のプランニングの可能性（機能の性格差）もある。また、出土遺物からみた帰属時期は十五世紀～十六世紀中葉がピークであり、青花皿E群も少量みられる事から、南東斜面のB類に分類される竪堀群の時期は、十六世紀後半に取り入れられた可能性も考えられている。天文年間（一五三二～一五五五）、城主である津野氏は土佐一条氏に攻め落とされ、元亀二年（一五七一）には津野氏は長宗我部元親の三男親忠を養子とし、元亀年間以降、長宗我部氏が久礼城跡や姫野々城跡を中心とし、佐川城・黒岩城・波川城攻めなど高岡郡一帯を制圧する（図15）。姫野々城跡の北斜面の竪堀群A類は、天文年間の土佐一条氏攻防の際に採用され、南東斜面側の竪堀群B類は元亀年間以降の長宗我部氏の段階に局所的に改修した可能性も考えられる。

いずれにしても畝状竪堀群（B類）は、先述した三城跡（岡豊城・大洲城・木津城）の竪堀群と同じ構造である事から当地域での横堀＋土塁で構成される畝状竪堀群（B類）は、十六世紀後半頃に主たる城郭に採用される遺構として位置付けられる。ただ、A類→B類への変遷については、姫野々城跡のように形態差の異なる竪堀群が混在する城郭もあり、今後、他の城郭との詳細な比較検討が課題である。

第二章　元吉合戦再考―城の所在と合戦の意図―

川島　佳弘

図１　櫛梨山城跡遠景

はじめに

本稿は、天正五年(一五七七)閏七月に毛利氏と讃岐惣国衆との間で繰り広げられた元吉合戦《もとよし》に検討を加え、合戦の舞台となった城の所在地を確定し、讃岐に侵攻した毛利方の合戦の意図を明らかにしようとするものである。

讃岐の戦国史は、史料的な制約もあり、『南海通記』など後世の編纂物の記述に依拠せざるをえない状況にある。こうしたなか、国島浩正氏は『南海通記』や毛利側の編纂資料などの記述をもとに元吉合戦を紹介し、一次史料による合戦の概要解明の必要性を提唱した〔国島一九八二〕。

これをうけて、橋詰茂氏は一次史料に基づきながら、編纂物の記述を検証し、元吉合戦の概要を明らかにした〔橋詰一九九三〕。橋詰氏は、諸説あった元吉城の所在地を仲多度郡琴平町の櫛梨山(櫛梨山城)に比定し、合戦を毛利氏・足利義昭・石山本願寺と織田信長の瀬戸内海制海権をめぐる一連の抗争のなかでとらえ、讃岐の戦国史に位置付けている。その後、多田真弓氏は毛利氏の対織田戦争における瀬戸内海の海上支配の観点から元吉合戦に検討を加えた〔多田二〇〇四〕。多田氏は、合戦した毛利勢、讃岐惣国衆の具体的な陣容、毛利氏の備前児島～塩飽～宇多津の備讃海峡支配の様相を明らかにしている。こうした毛利氏の制海権掌握の状況から推測して、元吉城を綾歌郡宇多津町の聖通寺城に比定した。

橋詰・多田両氏の成果は、讃岐のみならず阿波三好氏や土佐長宗我部氏の研究においても踏襲され、元吉合戦は讃岐の戦国史における重要な出来事として広く認識されるようになった。しかし、ここにひとつ大きな課題が残る。合戦の舞台となった元吉城について、橋詰氏は櫛梨山城とする一方、多田氏は聖通寺城とし、城の所在地において見解がわかれているのである。櫛梨山城説を支持する『香川県中世城館跡詳細分布調査報告』で「今後この元吉城の所在地の比定を踏まえて内容を追究する必要がある」と提起したが（香川県教育委員会二〇〇三）、その後の研究では、十分な検討はおこなわれず、城の所在地が不明確なまま議論が展開されている。こうした状況は、元吉合戦の本質を見失うおそれがあり、戦国期讃岐の情勢解明の妨げになるものと考える。城の所在地を確定させたうえで、改めて合戦の意義を問い直す必要がある。

そこで本稿では、橋詰氏・多田氏の成果をふまえながら、元吉合戦に至る経緯、戦いの具体的な状況を再度検証し、元吉城の所在地を明らかにしたい。そのうえで、讃岐に侵攻した毛利氏の合戦の意図についても改めて検討していく。

一　元吉合戦の概要

合戦までの動き

天正五年（一五七七）七月、冷泉元満は小早川隆景から「廿日至讃州乗渡、其儘岩屋可有上着候」と、七月二十日に讃岐に渡るよう命じられる（「冷泉家文書」『山口県史』史料編中世二（以下「県史」中世二、のように略す）一二三号）。これ以降、毛利勢の讃岐での活動が確認できるようになる。

多田氏は、十一月二日付児玉就英書状写にみられる「宇多田藤右衛門尉事、去七月廿一日於讃州元吉城麓合戦時」という記述から（『萩藩閥閲録』宇多田十兵衛）、従来いわれてきた元吉合戦よりひと月前に、毛利氏が元吉城を攻撃したと解釈している。

しかし現在のところ、ほかに七月の合戦を裏付ける史料はなく、「去七月」の記述は「閏」の誤記もしくは誤写の可能性も考えられる。先にみた冷泉元満宛の小早川隆景書状でも、讃岐に渡りそのまま淡路岩屋に向かうよう指示があるのみで、讃岐国内で合戦に及ぶような緊張した状況はうかがえない。現段階の史料的根拠のみでは、天正五年七月の合戦を想定することはできないと判断する。児玉就英書状写を除けば、七月以前の毛利側の史料に元吉城に関する記述はみられない。毛利氏は、当初から元吉城の確保を目的としていたわけではなかったといえよう。

合戦の概要

その後、閏七月十二日頃に冷泉元満が再び讃岐に渡った頃から、元吉城が話題にあがるようになる。同月十八日付の冷泉元満宛小早川隆景書状に「其表数日御在陣、殊普請等之儀」とあり、また二十日付の毛利輝元書状には「至元吉城番衆御馳走候而頓被差籠之由」とあることから、閏七月二十日以前の段階で冷泉元満は元吉城の普請をおこない、軍勢を送り込んでいた模様である〔「冷泉家文書」「県史」中世二、六五号・二二号〕。そして、閏七月二十日、讃岐惣国衆が元吉城を攻撃し、毛利勢との間で合戦が繰り広げられた。この戦いが元吉合戦である。合戦の詳細を記した次の史料をみながら、具体的な様相を確認したい。

〔史料1〕（天正五年）閏七月二十二日付冷泉元満等連署状写〔「浦備前覚書」『戦国遺文 三好氏編』第三巻〔以下「戦三」と略す〕参考一三五号、山口県文書館蔵『無尽集』により一部修正〕

急度遂注進候、一昨廿日至元吉之城ニ敵取詰、口〔国カ〕衆長尾・羽床・安富・香西・田村・三好安芸守三千程、従廿日
早朝①尾頸水手聢与寄詰口元吉難儀不及是非之条、此時者覃一戦安否候ハて不叶儀候間、各覚悟致儀定了、②警固三
里罷上元吉向摺臼山与申ニ陣取、則要害成相副力候處、敵以馬武者数騎乗入候、初合戦衆不去鑓床請留候条、③従
摺臼山悉打下仕懸候、河縁ニ立合候、河口思切渡懸候間、一息ニ追崩数百人討取之候、鈴〔頸カ〕注文其外様躰塙新右帰
参之時可申上候、猶浄念ニ相含候、恐惶謹言、

（天正五年）
閏七月廿二日

乃美兵部丞　宗勝
児玉内蔵太夫　就英
井上又右衛門尉　春忠
香川左衛門尉　広景
桂民部大輔　広繁
杉次郎左衛門尉　元相
粟屋右近助　元之
古志四郎五郎　元清
杉民部大輔　武重
村上弾正忠　景広
村上形部大輔　武満
包久宮内少輔　景勝
杉七郎　重良
冷泉民部大輔　元豊〔満〕

岡和泉守殿

本史料は、小早川家臣岡就栄に元吉合戦の詳細を報告した冷泉元満らの連署状である。この史料から合戦の推移や参加者の顔ぶれをうかがい知ることができる。毛利勢は、元吉城の普請に関与した冷泉元満のほか、乃美宗勝や井上春忠など毛利・小早川麾下の水軍が中心となっている。笠岡の村上景広や上関の村上武満のほか、この史料に記載は

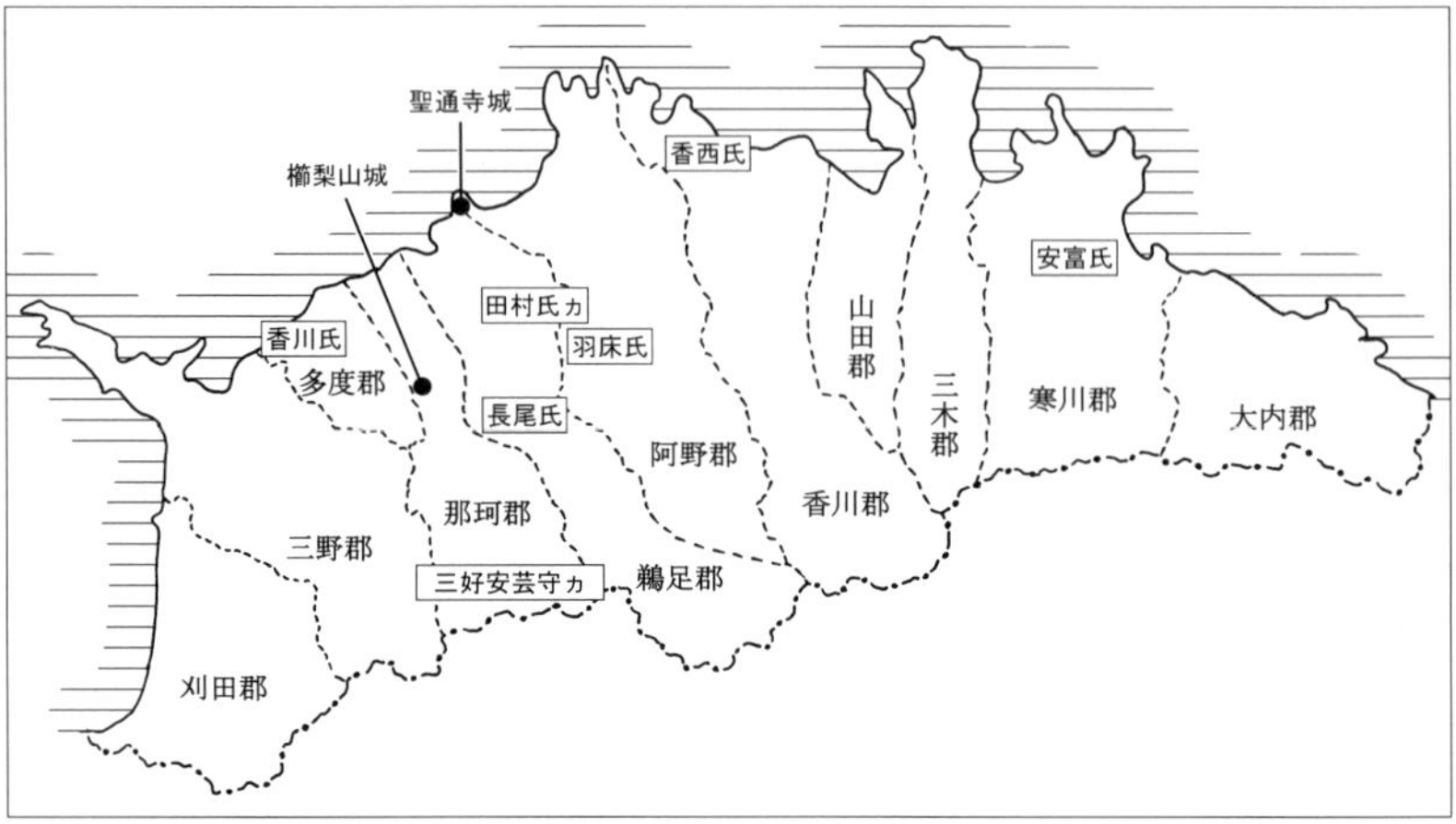

図2　讃岐国関係図

ないが、能島村上氏の村上元吉も動員されている（「村上家文書」「県史」中世三、八一号）。

これに対する讃岐勢は、長尾氏・羽床氏・安富氏・香西氏・田村氏・三好安芸守からなり、その軍勢は三〇〇〇程度であったことがわかる。このうち田村氏の詳細は不明であるが、鵜足郡の栗熊城主に長尾一族の田村上野介なる人物がいたという（香川県教育委員会二〇〇三）。三好安芸守については、同時期に阿波三好郡の大西氏と対立していることから（中平二〇一三）、阿讃国境付近に所領をもつ勢力と推測される。讃岐中央部から東部にかけての広範囲に及ぶ勢力が集結していた（図2）。

合戦は、閏七月二十日早朝、長尾氏・羽床氏ら讃岐勢が元吉城を攻め、毛利勢は苦境に立たされる。これに対し、毛利氏は元吉城の向かいの摺臼山に援軍を送り込んで讃岐勢に攻め掛かり、数百人を討ち取って勝利を収めた。合戦後も讃岐勢は、依然として不穏な動きをみせたようで、八月に毛利氏は湯浅宗将を派遣し、元吉城の普請を命じている（「湯浅家文書」「県史」中世三、二六号）。その後、九月には足利義昭が阿波三好氏と和議交渉を開始し（『萩藩閥閲録』堅田安房）、毛利氏は十一月に長尾・羽床両氏から人質を徴収して

〔「厳島野坂文書」『戦国遺文 瀬戸内水軍編』〔以下「戦瀬」と略す〕五三九号〕、一部の軍勢を残し撤収している。

合戦の背景

元吉合戦までの経緯をみるに、閏七月に入り冷泉元満が元吉城に軍勢を差し込め、城の普請をおこなったあたりから、状況が急変し合戦に至った様子がみてとれる。改めて天正五年前半の毛利氏や周辺勢力の動向を確認したい。

天正四年十二月、阿波の三好長治は細川真之らに敗北し自刃した。これにより、阿波三好家は一時当主不在の状況となり、阿波周辺の地域は混乱した状態に陥る。天正四年以降、足利義昭とともに瀬戸内海地域において織田氏と抗争していた毛利氏は、関係地域の諸勢力へのはたらきかけを強めていく。翌天正五年正月には、小早川隆景が淡路の海上勢力に対織田氏への軍事行動に協力するよう求めている〔「船越文書」「戦三」三、一七四九号〕。一方、織田氏は三月に塩飽船の堺への航行を保証し、取り込みを図っている〔「塩飽人名共有文書」「戦瀬」五〇四号〕。

毛利氏が、織田氏との抗争において重視したのは、畿内における最大の与同勢力である石山本願寺であった。同寺の支援をおこなうため、第一次木津川合戦時のように、淡路岩屋を経由して大坂湾に至る海路を確保することが重要な課題となる。そのようななか、瀬戸内海中央部に位置する塩飽に織田氏の調略の手が伸びたことは、毛利氏に少なからず動揺を与えたといえよう。

毛利氏は、七月に大坂・淡路〔岩屋〕・阿波・讃岐への警固衆の派遣を画策している〔「冷泉家文書」「県史」中世二、七九号〕。閏七月には、毛利側の史料に「阿讃両国任存分候」、「抑阿州両国之儀、如御存分被仰付候」などの記述がみえ〔『萩藩閥閲録』三隅勘右衛門、浦図書〕、元吉合戦以前の段階で阿波・讃岐に毛利氏の影響力が及んだ模様である。

毛利氏は、織田氏への対抗策として、阿波・讃岐の陸地寄りの航路を確保しようと模索していたのではないか。元吉合戦の際に、「堀江口」においても毛利氏と長尾氏・羽床氏が交戦した模様であり〔『萩藩閥閲録』御郷助左衛門〕、合戦後には村上元吉が警固船を現地に残し置いていることなどをふまえると〔「村上家文書」「県史」中世三、八二号〕、橋詰・多田両氏が指摘しているように、瀬戸内海の海上支配との関連性がうかがえる。

その一方で、元吉合戦直後に小早川隆景は乃美宗勝に「他国渡海之儀候条、無心元候処、存之外之太利、祝着此事候」と述べており〔「浦家文書」「戦瀬」五二一号〕、合戦がおこなわれた讃岐を「他国」と認識していることから、毛利氏の直接的な領域支配はなされていなかったと考えられる。阿波についても同様に、毛利氏の侵攻は確認できない。同時期に毛利氏が阿波の大西氏と結び、足利義昭の上洛戦に協力する申し合わせをしていたことをふまえると〔中平二〇一三〕、毛利方の「阿讃両国任存分候」という認識は、三好家当主不在という混乱のなか、毛利氏と提携する道を選んだ阿波・讃岐の諸勢力との結びつきを指すものと推測される。

合戦のきっかけ

合戦以前から毛利氏の影響力が讃岐に及んでいたとするならば、合戦の直接の契機は何であったのか。元吉合戦後に小早川隆景が冷泉元満に送った書状に、次のような記述がみえる。

〔史料2〕（天正五年）閏七月二十九日付小早川隆景書状〔「冷泉家文書」「県史」中世二、二三号〕

今度元吉現形之刻、御方御人数被差籠、初中後御気遣令察候、殊彼城へ敵取詰及難儀候之処、別而被致御辛労之由、淵底承候、至三原此由可申達候、尚自是可申候、恐々謹言、

（天正五年）壬七月廿九日　小早川隆景（花押）

冷泉民部少輔殿　御陣所

ここに「今度元吉現形之刻、御方御人数被差籠、初中後御気遣令察候、殊彼城へ敵取詰及難儀候」とあり、元吉城の「現形（＝寝返り）」をきっかけに毛利氏は兵士を在番させ、讃岐勢と合戦となった様子がうかがえる。

毛利方に味方した元吉城主について、元吉合戦に参加した乃美宗勝の家に伝わる記録に「讃州多戸郡元吉城ニ三好遠江守籠リケル」とあり〔『萩藩譜録』浦主計元伴〕、また同じく毛利側の岩国藩の編纂資料の『御答書』（岩国徴古館蔵）には「讃州多戸郡ニ三好遠江と申者、元吉と申山ヲ持罷居候、是ハ阿州ノ家人ニテ候、其節此方へ御味方致馳走仕候」とあって、三好遠江守なる人物をあげる。『毛利氏四代実録考証論断』（山口県文書館蔵）には、元吉合戦の関連史料として、弘中河内守の軍功を児玉就英に報じた、閏七月二十一日付の三好遠江守長安の書状写を載せている。この三好遠江守長安の詳細は不明であるが、先にみた三好安芸守と同様に、讃岐に所領をもつ人物と推測される。ちなみに、三好一族で「遠江守」の官途名を使用した人物として三好長家がいる〔天野二〇一〇〕。長安は、長家の系譜につながる人物であろうか。

少なくとも、三好遠江守は冷泉元満が再度讃岐に渡海した閏七月中旬には、毛利方に与していたと考えられる。毛利方が「阿讃両国任存分候」と認識していたことを合わせ考えると、三好遠江守に対しても毛利氏から何らかのはたらきかけがあったのかもしれない。この三好遠江守の寝返りが、長尾氏・羽床氏ら讃岐惣国衆を刺激することとなり、元吉合戦の直接の契機となったといえる。

二　元吉城の所在と合戦の意図

合戦からみる城の様子

はじめに述べたように、元吉城の候補地は櫛梨山城と聖通寺城のふたつに見解がわかれている。元吉合戦の詳細な状況を記した史料1を検証し、城の所在地を特定したい。まずは、合戦の記述を整理し、城の具体的な構造、周辺の状況を明らかにしていく（左記の丸数字は、史料1の傍線部に対応する）。

①「尾頸水手碇与寄詰口元吉難儀不及是非之条」

讃岐勢は合戦当初、元吉城の「尾頸」「水手」に攻め掛かっている。「尾頸」とは、山の尾根筋等の一番狭くなった場所であり、この記述から元吉城が山城であることが改めて確認できる。「水手」とは、井戸など水場のある場所を指すと考えられる。いずれも城の防衛上、重要な箇所にあたる。しかし、「尾頸」は現状の縄張図などの地形から客観的に判断することは難しく、また「水手」に関しても同様に、発掘調査で井戸の痕跡などが検出されたとしても、特定することは容易ではない。

②「警固三里罷上元吉向摺臼山与申ニ陣取」

毛利氏の援軍は、三里罷り上がり、元吉城の向かいの「摺臼山」に陣取っている。毛利側の別の史料には、「今度於元吉城山下敵罷出候刻、従船本被罷出、以堅固之覚語相副候」とあり（『萩藩閥閲録』山内源右衛門）、このとき毛利氏の援軍は「船本」から元吉城の救援に向かったとされる。ここに記された三里とは、沿岸部からの距離であったといえよう。また、先にみた『御答書』には「元吉ノ城より坤ニ磨臼と申ス山候へ」とあり、摺臼山は元吉城の「坤（ひつじさる＝南西）」に位置するとの記述を載せる。

③「従摺臼山悉打下仕懸候、河縁ニ立合候、河口思切渡懸候間、一息ニ追崩数百人討取之候」

元吉城に讃岐勢が押し入り、窮地に追い込まれたことにより、毛利氏の摺臼山の援軍は、山を下って敵に仕掛け川縁に立ち合った。そして川を一気に渡り、敵数百人を討ち取る戦果をあげたという。摺臼山と元吉城の間には河川が流れていた状況が看取できる。

元吉城の比定

以上の点をもとに、櫛梨山城・聖通寺城それぞれの状況と照らし合わせて検討していく。①の「尾頸」「水手」は、現段階では城の所在地を特定する根拠としては不十分であり、検討材料に用いることは控えたい。その他、②・③の点を中心にみていくこととする。

櫛梨山城は、多度津付近の海岸より南に直線距離でおよそ八㎞の場所に位置し、城の西向かいには同じ名称の磨臼山が存在する。また、この磨臼山と城の間には金倉川が南北に流れており、いずれも②・③の場景にほぼ一致している。一方、聖通寺城はどうであろうか。城山の南西に河川を挟んで、山地(青ノ山)が存在するが、いずれも沿岸部に位置しており、「三里罷上」という記述とかみ合わない。坂出市の西庄城に元吉城を比定する『毛利輝元卿伝』では、多度津から東方に三里移動したと解釈している。しかし、毛利・小早川麾下の水軍を擁し、能島村上氏をも動員した毛利氏であれば、海上から直接城付近に上陸して、敵勢力に攻撃を仕掛けたと考えるのが自然で、わざわざ「三里罷上」と記す必要はない。

これらの検討から、元吉城は橋詰氏や『香川県中世城館跡詳細分布調査報告』が指摘する仲多度郡琴平町の櫛梨山城に比定できる。また、合戦の状況から判断して、先にみた毛利氏と長尾氏・羽床氏が交戦したとされる「堀江口」は仲多度郡多度津町の堀江に比定でき、毛利氏の讃岐上陸地は多度津もしくはその周辺であったと推測される。

元吉城の立地と遺構

つづいて、櫛梨山城に比定された元吉城の立地や遺構の状況についてみていきたい(図3)。元吉城は、丸亀平野西端に連なる山々(天霧山~五岳山~象頭山)から突出した独立丘陵上(如意山一角の櫛梨山、標高一四六m、比高一〇〇m)にあり、那珂郡と多度郡の境目に位置する。周辺の地域は、鎌倉前期には「櫛無保」として史料上確認でき、付近を古代の官道である南海道が東西に走っている。現在も山麓には、式内社の櫛梨神社がある。早くから開発が進んでい

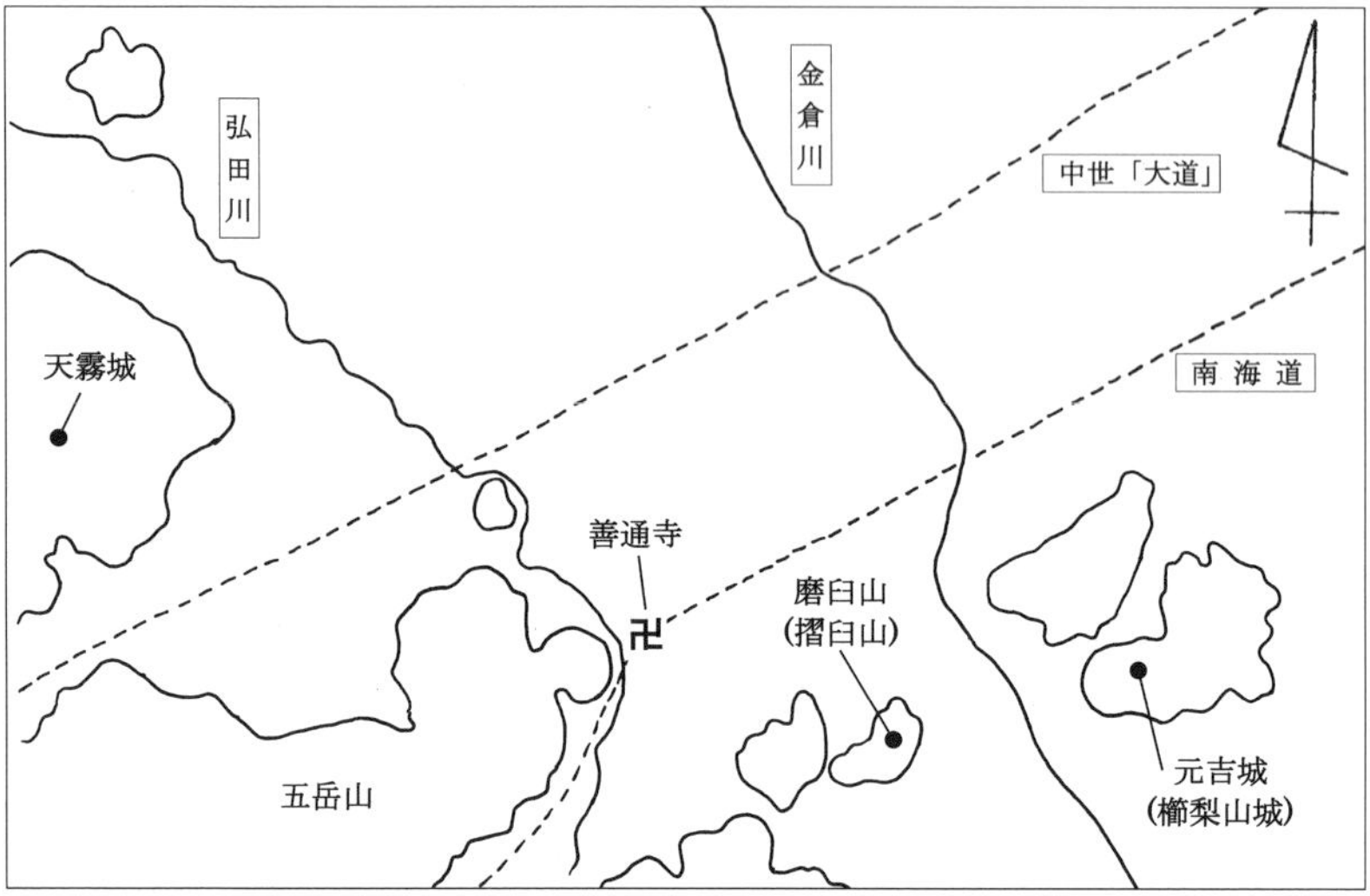

図３　元吉城周辺図

た地域といえよう。

古代南海道は、中世前期まで額坂峠から丸亀平野に出て善通寺方面に直進し、五岳山南麓から大日峠を越えて三野郡に入るルートがとられていたが、十四世紀以降、北側の鳥坂峠を越える道筋が、「大道（＝幹線道）」としての機能を果たすようになったと考えられる〔香川県教育委員会一九九三〕。また、元吉城下を流れる金倉川沿いに阿讃国境の四国山地に進むと、阿波へ通じる峠越えの道につながる。

実際に城跡の丘陵頂上部に上ってみると、北側からは古代の旧南海道、中世「大道」、沿岸部の多度津、瀬戸内海まで見渡すことができる。西側には眼下に金倉川、対岸に磨臼山、川沿いに南方に目を向けると阿讃国境方面の山地までも望める。さらに、東側からは宇多津・飯野山方面が一望できる。

城の立地、現地の眺望から判断して、元吉城は讃岐の東西・南北の道が交わる交通の要衝に位置する城といえる。毛利氏はこの元吉城を掌握することで、周辺勢力の動きを抑えることが可能になったと考えられる。讃岐惣国衆のうち、近接する長尾氏や羽床氏が特に激しく抵抗したのは、こうした

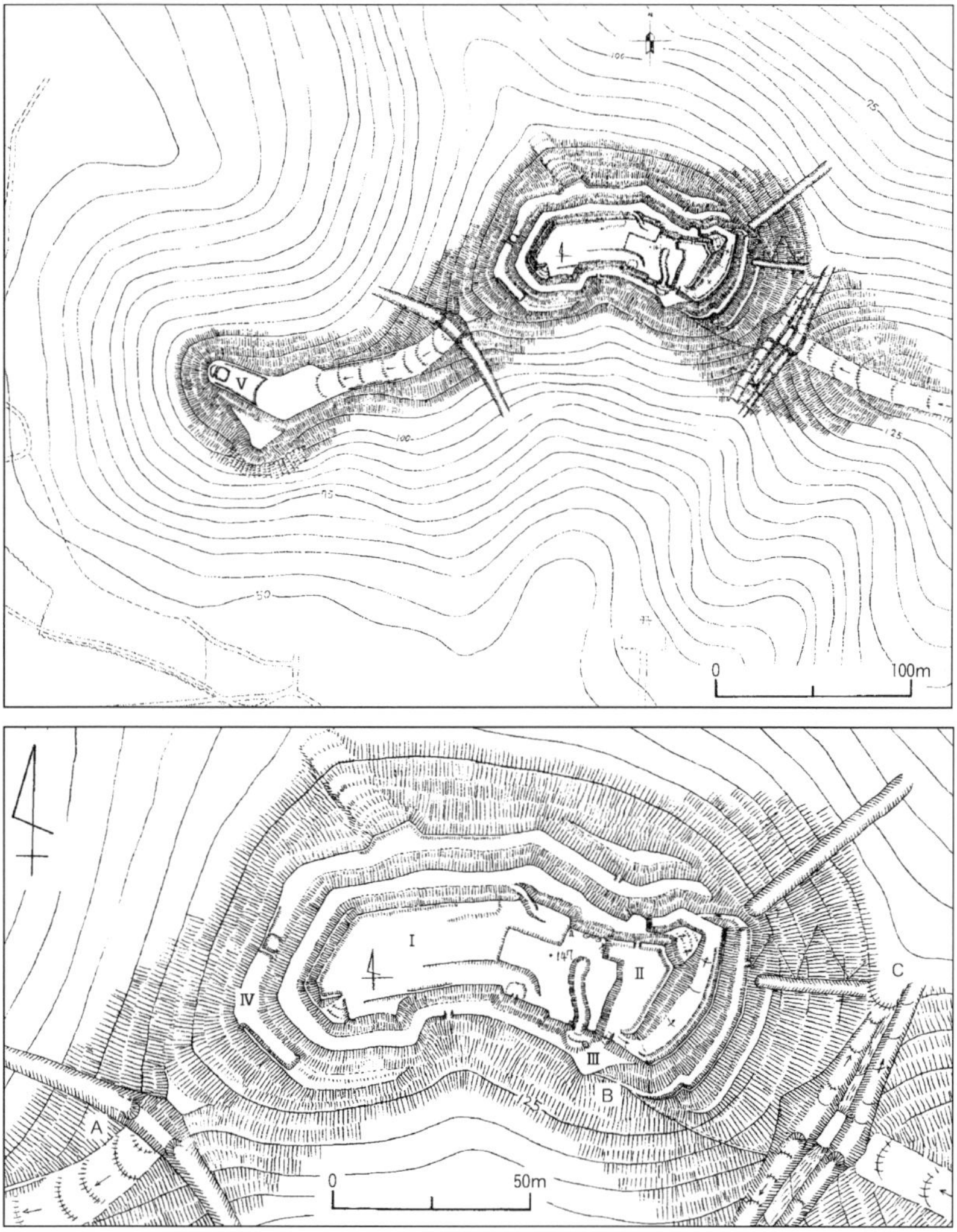

図４　元吉城（櫛梨山城）縄張図（作図：池田誠、香川県教育委員会2003）

交通路の観点から考えると理解できる。

城の遺構については、『香川県中世城館跡詳細分布調査報告』所収の縄張図（図4）を参照すると、頂上部の主郭を中心に、周囲に帯曲輪を巡らせ、南西の尾根先端部に出曲輪を配した比較的堅固な構造となっている。これまでみてきたように、毛利側の史料から城の普請をおこなった様子がうかがえるが、その具体的な箇所を縄張図から特定するのは難しい。城の南東の二重堀切は、のちに讃岐に侵攻した長宗我部氏による改修とされる。毛利氏・長宗我部氏ともに、元吉城を軍事的な拠点として重視していたといえよう。

香川氏の讃岐帰国

元吉城から西におよそ六kmの場所に香川氏の居城天霧城がある。香川氏は、永禄年間（一五五八～七〇）初頭より三好氏や周辺勢力の攻撃を受け、永禄六年に天霧城を退去している。『南海通記』には、引き続き香川氏が讃岐で活動した様子が描かれているが、永禄八年を最後に一時香川氏の発給文書が確認できなくなる。香川氏は、讃岐を追われ毛利氏のもとに身を寄せ、元吉合戦に前後して帰国を果たしたと考えられるが、研究者により見解に相違があり、確定的な事実として認識されるには至っていない。元吉合戦の観点からこの香川氏の讃岐帰国について考えてみたい。

永禄十一年九月、篠原長房ら三好勢は備前児島に攻め込み毛利氏と交戦する（第一次本太合戦）。この合戦後、毛利方の細川通董と足利義昭家臣細川藤賢とのやりとりのなかで、香川氏の存在が確認できる（「下関文書館蔵文書（細川家文書）」「県史」中世四、一三号）。これ以降、元亀年間（一五七〇～七三）に義昭の御内書やその副状に香川氏の讃岐帰国を促す記述が散見できるようになるが、いずれのときも実行されなかった模様である。その後、天正五年（一五七七）になり再び香川氏の発給文書が確認できるようになる。

〔史料3〕（天正五年）八月一日付足利義昭御内書（『大日本古文書　家わけ第九　吉川家文書之二』七五号）

至讃州、香川入国之儀、最可然候、弥彼表之儀可令馳走事肝要候、自然阿州之者共和談旨申候共、不可許容候、於此方、和平之儀申聞半候間、以其上可申遣候、委細申含元政候、猶藤長可申候也、
（天正五年）八月朔日　（義昭花押）
吉川駿河守とのへ
小早川左衛門佐とのへ
毛利右馬頭とのへ

本史料は、毛利輝元・吉川元春・小早川隆景に宛てた足利義昭の御内書である。毛利輝元への「右馬頭」の官途授与は、元亀四年二月である。元吉合戦直後に小早川隆景が讃岐を「他国」と認識していたことから、それ以前の段階とは考えがたく、香川氏の発給文書再開と同じ天正五年に比定される。ここに「至讃州、香川入国之儀、最可然候」とあるように、香川氏が讃岐帰国を果たしたことが確認できる。

香川氏は同年二月以降、家臣たちに三野郡の所領安堵をおこなっており（「帰来秋山家文書」『高瀬町史』史料編、三号・四号、「秋山家文書」『高瀬町史』史料編、九一号）、合戦に先立ち家臣団を再編成していた様子がうかがえる。元吉合戦に際し、毛利氏が上陸したと考えられる多度津は、香川氏が代々掌握した港であった。毛利氏が容易に讃岐への渡海を果たしていたことをふまえると、元吉合戦と香川氏の讃岐帰国の関連性が指摘できる。

香川氏の居城天霧城は、元吉城の立地と合わせて考えると、多度津を抑える場所にあるだけでなく、先ほど指摘した古代の旧南海道、中世「大道」を挟む位置関係にもある。また、天霧城からみて元吉城は、東方からの勢力の侵入を防ぐ、いわば出城のような機能を果たしたといえよう。香川氏の讃岐帰国、天霧城防衛の観点からも元吉合戦は重要な意味をもつ戦いであった。

おわりに

本稿で明らかにしたように、天正五年(一五七七)の元吉合戦の舞台となった元吉城は、櫛梨山城に比定できる。讃岐を東西・南北に結ぶルートの交差点を見渡せる、交通の要衝に位置した城であったと考えられる。

これまで元吉合戦は、瀬戸内海の海上支配の観点から注目されてきたが、元吉城の立地からみると、讃岐国内の敵対勢力の動きを制する、軍事的拠点の掌握を意図した合戦であったといえる。また、同時期に讃岐帰国を果たした香川氏の動向とも関連したものであった。長らく三好氏と対立してきた毛利氏は、中国地方の戦況に呼応して讃岐から渡海してくる三好勢にたびたび悩まされてきた。元吉合戦時、三好氏は当主不在の状態にあり、毛利氏はこうした混乱期に讃岐の諸勢力を押さえ込み、あわせて香川氏を帰国させることによって、沿岸部を含めた西讃岐一帯を安定的に掌握しようと図ったと考えられる。

戦国末期の讃岐の情勢は、依然として不明な点が多い。元吉合戦の結果、讃岐の地域社会はどのように変化していくのか、本稿で再考した城の所在地と同様に改めて見つめ直す必要があるだろう。

第三章　勝瑞城館の構造とその変遷

図１　三好氏の最後の砦 勝瑞城

重見　髙博

はじめに

徳島県板野郡藍住町勝瑞《しょうずい》は、室町時代に阿波守護細川氏や三好氏が本拠とした地で、阿波の政治・経済・文化の中心地であった。この地に所在する勝瑞城館跡（図2）は、その一部が二〇〇一年一月二十九日に国史跡に指定されており、現在まで二二次にわたる発掘調査が行われてきている。発掘調査からは、最終段階では大規模な濠に囲繞された複数の区画の存在が推定されており、広範囲に広がる城館が想定されている。そして、これらの区画にはその成立や存続期間に時期差があり、城館の範囲が徐々に拡大していくなど、構造が変化していることがうかがわれる。この構造の変化の背景には、権力者の移り変わりや社会情勢の大きな変化があげられるであろう。

本稿は、二〇一七年三月に刊行された『守護所・戦国城下町の構造と社会—阿波国勝瑞』（思文閣出版）に掲載した拙稿「発掘調査から考える守護町勝瑞の範囲と構造」をベースとして、それ以後にいただいた批判や、報告書作成に向けた作業の中で得られた新しい知見をもとに若干の修正を加え、勝瑞城館の構造の変遷をさらに明らかにすることを目的とした。そして、構造の変遷を検討することにより、阿波の中世城館のあり方の一例を示すこととする。

当初、勝瑞城館跡は阿波三好氏の城館であると認識されてきたが、近年の研究の進展により、複数の屋敷地群の可能性が考えられており、その範囲内に守護細川氏の居館も含まれている可能性も指摘されている（小野二〇一七）。

今回報告する勝瑞城館とは、その成果も取り入れ、国史跡指定地を中心として城館内と考えられる複数の区画が広がる範囲を指しているものである。

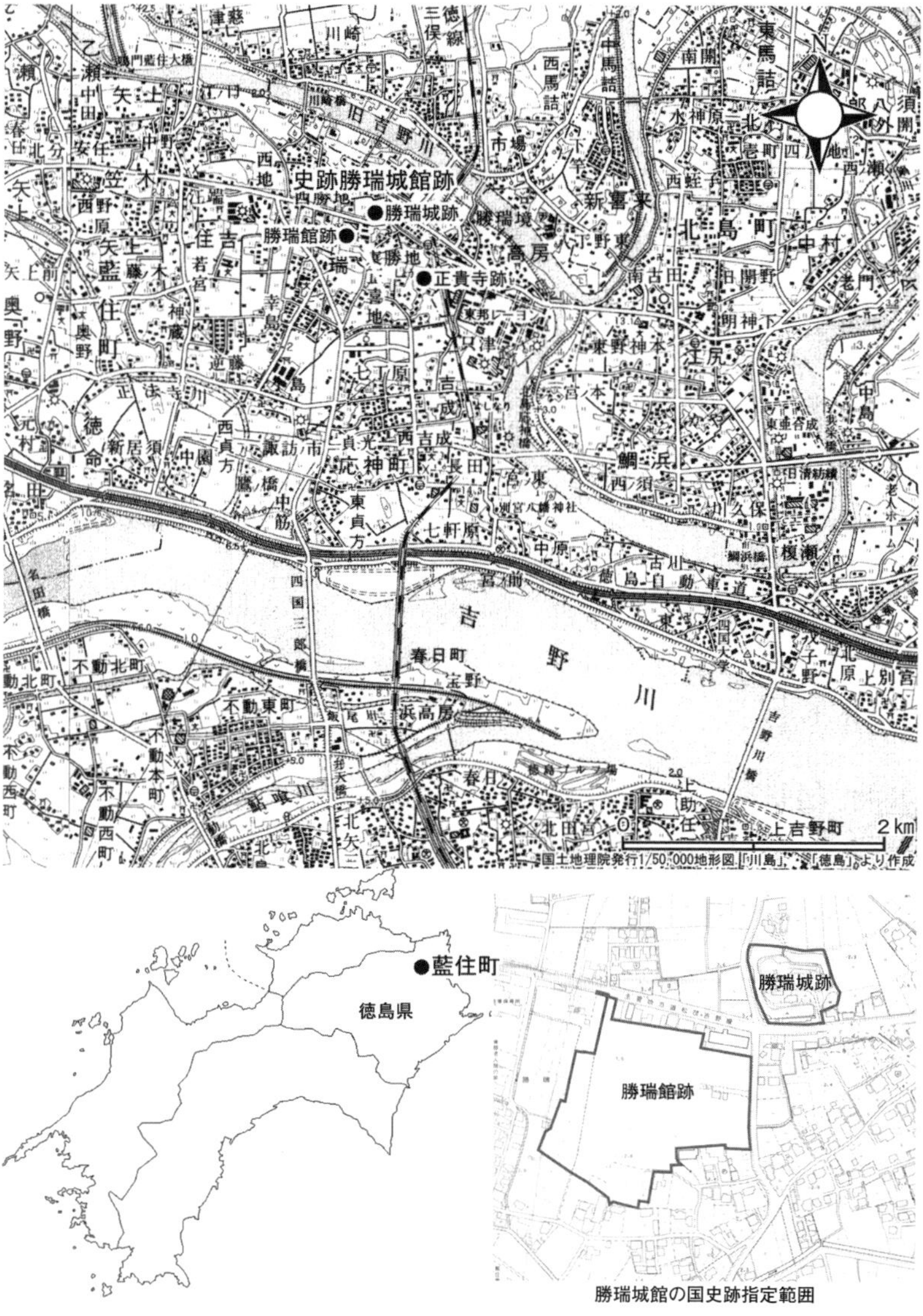

勝瑞城館の国史跡指定範囲

図2　勝瑞城館跡位置図

一　勝瑞城館の範囲

勝瑞城館の範囲は、現在のところ明らかになっていない。そこで、今回は発掘調査で出土したかわらけ（土師質土器皿）の出土割合や、街道や水路、町屋の位置などの地理的要因をもとにその範囲を推定する。

かわらけは、勝瑞における発掘調査で最も多く出土している供膳具で、宴会や儀式の場で多く使用され、しばしば大量に一括廃棄される。そのため、これが大量に出土することは、そこで盛んに儀礼的な饗応がなされていたことを示しており、その場がその地域の政治的中枢をなす館であることを示している。街道や水路、町屋の位置については、近世の絵図や明治期の地籍図、現地踏査による歴史地理学的な検討の成果や、地元での伝承等を参考にしてその場所や範囲を特定することにより、城館が広がる範囲を絞り込む手段とする。

まず、かわらけの出土割合であるが、これを示したのが表1である。これによると、勝瑞城館跡の史跡指定地内ではほぼ九〇％以上の比率を示していることがわかる。それに対して、ＨＫ２００１-Ⅰ地点では六〇・四二％、ＨＫ２００３-Ⅰ地点では三五・六七％と明らかに比率が低くなる。これらの二地点はいずれも寺院跡と推定される。勝瑞館跡の東側、ＨＫ２０１１地点は大半が後世に撹乱が入っていた地点であり、検討が必要ではあるが、かわらけの出土割合は六〇・六七％と城館内と比べて割合が低下していることから、城館の外となることが考えられる。

青花		その他		合　計
382	0.72%	930	1.75%	53,033
188	0.45%	735	1.77%	41,431
447	0.53%	1,204	1.44%	83,793
28	0.93%	119	3.93%	3,025
39	3.75%	7	0.67%	1,041
137	8.50%			1,612
13	0.36%	116	3.20%	3,626
14	2.0%	23	3.4%	684

表１　勝瑞出土遺物の組成

調査区	京・土師器皿		ロクロ・土師器皿、杯		鍋・釜		備前		瀬戸美濃		青磁		白磁	
勝瑞館跡 区画Ⅱ-①	18,169	34.26%	31,107	58.66%	509	0.96%	1,142	2.15%	201	0.38%	272	0.51%	321	0.61%
	92.92%													
勝瑞館跡 区画Ⅱ-②	19,209	46.36%	18,215	43.96%	828	2.00%	1,594	3.85%	123	0.30%	344	0.83%	195	0.47%
	90.33%													
勝瑞館跡 区画Ⅲ	35,720	42.63%	43,166	51.52%	1,004	1.20%	1,238	1.48%	222	0.26%	253	0.30%	539	0.64%
	94.14%													
勝瑞館跡 区画Ⅳ	1,134	37.49%	1,405	46.45%	17	0.56%	206	6.81%	25	0.826%	33	1.09%	58	1.92%
	83.93%													
HK2001-Ⅰ	568	54.56%	61	5.86%	68	6.53%	194	18.64%	33	3.17%	23	2.21%	48	4.61%
	60.42%													
HK2003-Ⅰ	518	32.13%	57	3.54%	155	9.6%	532	33.00%	57	3.54%	19	1.18%	137	8.50%
	35.67%													
HK2009	2,716	74.90%	535	14.75%	145	4.00%	158	4.36%	8	0.22%	30	0.83%	21	0.58%
	89.66%													
HK2011	131	19.2%	284	41.5%	45	6.6%	141	21%	4	0.6%	25	3.7%	17	2.5%
	60.67%													

しかし、さらに東側のＨＫ２００９地点では再びかわらけの割合が高くなる。この地点は、阿関山観音寺の東側であり、観音寺が『阿州三好記大状前書』等に戦国期に勝瑞に所在した三好氏の取立寺院としてその名が見えることから、この寺院の一角であることが想定された。しかし、寺院の存在を示すような遺物の出土は認められず、南北方向に延びる幅五ｍ以上の溝跡が検出された。溝跡には、東側から大量のかわらけが投棄されており、溝の東側に生活空間が想定される。溝の東側には土坑等の遺構が密に検出された。この地点の調査面積は約六〇㎡と狭小であるが、大量の出土遺物があり、そのうちかわらけが八九・六六％と高い比率を示す。

勝瑞で出土するかわらけには、地元の技術で作られたロクロ成形のもの（以下、「ロクロかわらけ」）と京都周辺の技術である手づくね成形のもの（以下、「京都系かわらけ」）がある。京都系かわらけは、徳島県内では丈六寺内遺跡（徳島市）や、徳島城下町遺跡（徳島市）、黒谷川宮ノ前遺跡（板野町）、田上遺跡（美馬市）等で出土が見られるが、細川氏の菩提寺である丈六寺内遺跡を除くと出土量はいずれも数点〜一〇数点で、勝瑞以外では大量の出土は見られない。また、全国的に見ても守護クラスの居館に関連する遺跡に限られている権威の象徴となる器である。

この器に注目すると、ＨＫ２００９地点では、かわらけのうち京都系かわらけが八〇％以上を占めている。これは、勝瑞城館内の京都系かわらけの占有率が三〇～五〇％であることと比較するとその特異性が良くわかる。その他、この地点では、青磁の大型製品や鉢のような威信材や、小札や鉄鏃といった武器・武具も見られ、さらに、吉野川下流域では客体的な出土状況を示す播磨型の鍋（島田・大川・石井二〇一二）も高い比率で出土しているのである。このことから、この地点には勝瑞城館とは別の権威の空間が存在することが考えられるのである。

以上のことから、勝瑞城館はＨＫ２００３-Ｉ地点やＨＫ２００１-Ｉ地点までは広がらず、ＨＫ２０１１地点付近が東端となることが想定できる。そして、その東には別の空間が広がっているのである（図３）。

次に、街道の位置や水路、町屋と推定される地域を示す。

街道については、現在「大道」と呼ばれる、字東勝地のほぼ中心部を南西方向から北東方向に貫く道が、近世初頭の讃岐街道に比定されており、これが中世まで遡るものであると考えられている。この街道は、明治期の地籍図で、勝瑞城館の南東側付近において二本の里道とその間に水路が描かれており、水路は旧河道であることが発掘調査や歴史地理学的な検討から明らかとなっている（山村二〇一四）。そして、二本の里道のうち北側にものが当初からの城下の主要道であろうことが推定されているが、その道は、「西町」と呼ばれる地域へ向かう。「西町」は、『藍住町史』に「地下に石が多い。勝瑞の全盛時代には人馬が多く往来した処か」とあり、伝承や歴史地理学的な検討からも勝瑞において唯一町屋が想定される地域である。「西町」は、地形的にも高くなっており、町が形成されるには適した場所であろうと思われる。西町の中央部を東西に延びる道は、「西町」の微高地が終わるあたりで南へ折れ、「舟戸」へ

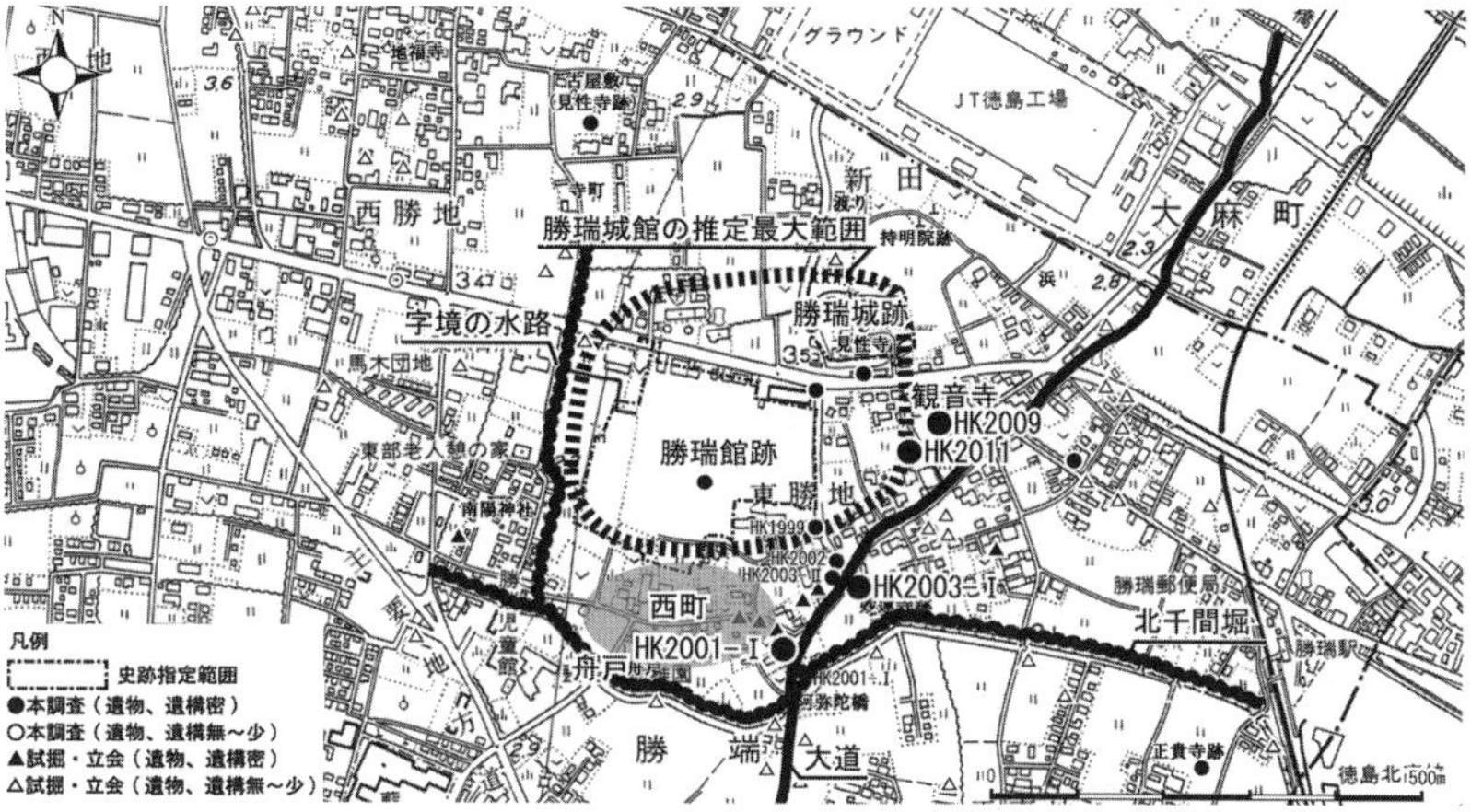

調査地点の成果概要

地点	遺跡の性格	遺構				遺物				
		濠・区画溝	礎石建物跡	掘立柱建物跡	その他	古代	15世紀以前	16世紀以降	瓦	その他
勝瑞城跡	城館	○			土塁	○	○	○	○	
勝瑞館跡	城館	○	○	○	庭	○	○	○	○	
正貴寺跡	寺院		○				○	○	○	鬼瓦、五輪塔
見性寺跡	寺院				溝跡			○	○	
HK1999	屋敷地？	○		○			○	○	○	鬼瓦
HK2001-Ⅰ	寺院		○		千軒堀			○	○	
HK2001-Ⅱ	寺院							○	○	鯱瓦
HK2002	寺院		○	○	基壇状、自然流路		○	○	○	海恵寺瓦
HK2003-Ⅰ	寺院		○	○	自然流路			○	○	
HK2003-Ⅱ	寺院				基壇状		○	○	○	
HK2009	屋敷地	○					○	○		
HK2011	屋敷地						○	○		

図３　守護町勝瑞遺跡の調査地点と地名、城館の推定範囲

向かう。ここから西側には字境を南北に延びる水路があるが、明治期の地籍図には大きな水路として描かれる。おそらくこの水路が勝瑞城館の西側の限界となるであろう。北側については、現在の県道松茂吉野線を境に北側では遺構や遺物は確認されていないことから、勝瑞城跡が北の限界となる。

これらを勘案すると、現時点で想定される勝瑞城館の最大の範囲は、東はＨＫ２０１１地点付近まで、北は勝瑞城跡まで、南は勝瑞で唯一の町が想定される「西町」まで、西は西勝地と東勝地の小字境に南北に延びる大規模な水路までと考えられ、東西約三〇〇ｍ、南北約三〇〇ｍの範囲の内に収まると思われる。

二　勝瑞城館の構造と変遷

濠の存続時期

前節で示した勝瑞城館の範囲内において、発掘調査では、縦横に張り巡らされた幅一〇ｍを超す大規模な濠が各所で見つかっている(図4)。これらは、屋敷地や城館内部を区画するものであるが、まず、それらの存続時期を、主に京都系かわらけの京都における土器編年と、それに対応するロクロ成形による在地のかわらけの年代観から検討する。

勝瑞城館跡の京都系かわらけは、①十五世紀末〜十六世紀前葉から見られる。この頃の製品は主に橙色系を呈し、器壁も薄く丁寧な作りで、京都の製品と非常によく似ている。しかし、②十六世紀第2四半期にはやや器壁が厚くなり、色調も橙色系のものがややくすんだ感となる。③十六世紀第3四半期には灰白色系を呈するものが主流となり、器壁はさらに厚くなる。そして、口径九㎝前後の小皿では、底部が突上げ底となる。また、在地のかわらけは、①と共伴する製品は、底部は回転ヘラ切りで、比較的丁寧に作られている。色調は橙色系を呈するものが主流である。

②・③の時期へと移り変わるに従い、器壁は厚くなり、作りは粗くなる。③の時期には静止糸切りが主流となる。回転ヘラ切りのものも残るが、器壁は厚く作りは粗い。

検討にあたって、京都系かわらけの年代観については兵庫県立大学の中井淳史氏より御教示いただいた。またロクロかわらけの年代観については近刊予定の勝瑞城館跡の発掘調査報告書に掲載する。

濠の年代については、屋敷や空間を区画するという性格上、また勝瑞周辺の土質は崩落しやすいため、さらにこの周辺は洪水が多く、そのたびに埋没してしまうことが考えられるため、たびたび掘り直しが行われている可能性は高い。また、規模が大きく存続期間も長いため、年代を特定するのは困難であると思われる。しかし今回は、主体を占める出土遺物の年代を、機能した中心的な時期と考え、それとかけ離れていない最も時期の古い遺物の年代を構築年代、最も新しい遺物の年代を埋没年代、あるいは機能が終了した時期と考えた。客観性に欠ける部分もあるが、概ねの様相は示しているであろうと思う（表2）。

【濠1001】　濠1001は、勝瑞館跡のほぼ中央を南から一二〇mほど北へ延び、東へ曲がる濠である。幅一〇～一五m、深さは三～三・五mを測り、濠底には常時帯水していたことを示す有機質粘土層が堆積する。有機質粘土層から出土する土師質土器皿は③の時期に比定される底部が突上げ底の京都系かわらけや、ロクロかわらけでは静止糸切りのものや回転ヘラ切りの粗製のものが主体であることから、十六世紀後半が濠の機能した時期と考える。有機質粘土層上層の濠覆土からは、十七世紀代に比定される唐津焼や伊万里焼の製品が出土する。また、濠の痕跡は明治期の地籍図に畑の区画として見られ、同じ場所に規模は小さくなっているが現代の水路まで確認できることから、後世も形を変えながら存続した濠であることがわかる。

【濠1002】　濠1002の北端は、近年まで「かじ池」と呼ばれるため池があったところである。調査によって

表 2　勝瑞城館の濠の存続期間

濠番号	幅(m)	深さ(m)	水	時　　期		
				1500	1550	1600
1001	10～15	3～3.5	○			
1002	(15～20)	1.5	○			
1003	5～7	1.5～2	○			
1004	(10)	2	○			
1005	11	2	○			
1006	(10)	2	○			
2001	5	2	×			
2002	3	(1.6)	×			
勝瑞城跡	13	2 以上	○			

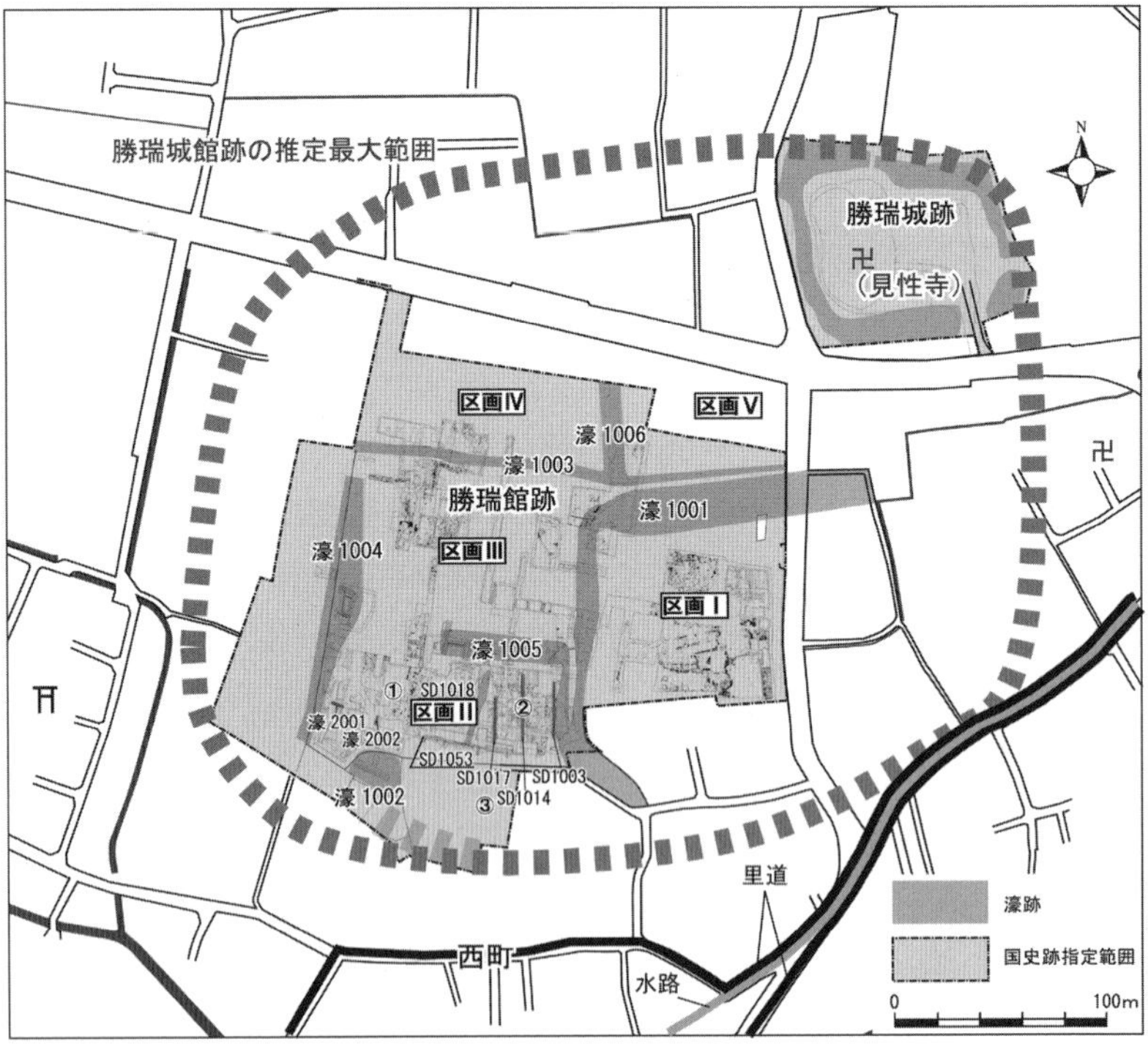

図 4　勝瑞城館遺構配置図

深さ一・五ｍ程度の濠跡が確認され、濠底には有機質粘土層が堆積する。濠はここから南へ延びた後、東へ曲がり、西町の北辺を東へ延びることが推定される。濠の覆土からは少量の遺物が出土した。上田分類の青磁碗ＢⅠ類も含むが、②～③の時期に比定される遺物が中心である。「かじ池」は濠の残欠と考えられ近年まで残っていたが、それ以外の濠の覆土からは、近世遺物の出土がないことから、十六世紀後半には濠としての機能は終わったものと考える。

【濠１００３】　濠１００３は勝瑞館跡の北部を東西方向に延びる濠で、幅五～七ｍ、深さ約一・五～二ｍを測る。濠底には常時帯水していたことを示す有機質粘土層が堆積しており、この層から「永禄七年（一五六四）五月廿四日」の紀年名の入った卒塔婆が出土している。出土するかわらけは、②～③の時期に比定されるものが主体であり、これらのことから濠の機能した年代は十六世紀中葉から後葉と考える。この濠は、明治期の地籍図では確認できない。

【濠１００４】　濠１００４は勝瑞館跡の西側を南北方向に延びる濠で、部分的にしか確認できていないが、幅一〇ｍ以上、深さ二ｍ程度となると思われる。ほとんどが攪乱で、出土遺物は少量であるが、底部回転ヘラ切りのロクロかわらけが中心である。やや粗いつくりのものも含まれているが、静止糸切りのものは含まれていない。このことから、十六世紀中葉頃まで機能した濠である可能性がある。この濠の東側では東西方向に延びる濠２００１も確認されている。濠２００１は、幅約五ｍ、深さ約二ｍの断面Ｖ字型を呈する薬研堀で、濠１００４の前段階のものであることが推定される。

【濠１００５】　濠１００５は濠１００１から西方向へほぼ垂直に分岐する濠で、約八〇ｍ西に延びて収束する。幅約一一ｍ、深さ約二ｍを測り、濠底には有機質粘土層が堆積する。機能した時期は濠１００１と同時期と考えられ、十六世紀後半である。この濠の痕跡も明治二十年頃に作成された地籍図に畑の区画として確認することができる。このことから、勝瑞城館の最終段階までは確実に存続した濠であることがわかる。

【濠1006】　濠1006は濠1003から分岐する濠で、幅一〇m程度と推定される。深さは約二mで、濠底には有機質粘土層が堆積する。かわらけは、濠1003と同様に②～③の時期に比定されるものが主体であり、機能した時期は十六世紀中葉から後葉と考える。この濠も、明治期の地籍図では確認できない。

以上、濠1001～1006は存続年代にやや時間差はあるが、十六世紀中葉頃には同時に存在していた濠と考えられ、この時期にはこれらの濠によって区画される五つの区画が想定できる。

興味深いのは、大規模な濠で区画されるものの、勝瑞城跡以外では土塁が付随しないことである。戦国期の阿波の情勢は安定しており、ほとんど戦乱が無かった。徳島県内の中世城館は、こうした社会情勢からその構造にあまり発展が見られないことが指摘される（本田一九八六）。検出した建物跡の地盤には盛土整地した痕跡が認められるが、濠を掘った土は、おそらく建物の地盤のかさ上げに使われたのであろう。これらの濠には、外敵に対する防御的な意図はあまり考えられず、館を区画する用途に加え、当初は治水のためのものであったと考えている。

各区画の概要

次に、それぞれの区画の概要を紹介する。

【区画Ⅰ】　区画Ⅰでは三枚の遺構面が確認されている。

第一遺構面では、かわらけの焼成窯と礎石建物跡、複数の土坑、第二遺構面では礎石建物跡群と池泉庭園、第三遺構面では礎石が検出された。

第二遺構面で検出された池泉庭園は、東西約四〇m、南北約三〇mの範囲に広がる大規模な池を中心とした庭で、池の規模は発掘庭園としては全国的にも最大級の規模である。池泉庭園の北側で一〇m程離れた地点には建物群が検出されているが、これらは主殿や会所等の建物になるのであろう。この時期にはおそらく勝瑞城館の中枢の区画であり、最も権威の高い空間であったと思われる。

池泉庭園の池から出土する京都系かわらけの年代は十六世紀前葉である。また、池に向かって延びる溝が二条検出されているが、一つは十六世紀第1四半期から第2四半期、もう一つは十六世紀第2四半期に比定される。池の下層には前段階の池が見つかっており、有機質粘土層の堆積が見られるが、ここからは京都系かわらけの出土は見られず、回転糸切りのかわらけが出土している。かわらけの年代から時期は特定できないが、前段階の池は少なくとも十五世紀代に遡ると思われる。

また、第一遺構面で検出されたかわらけの焼成窯が構築された時期には建物群は廃絶し、池泉庭園は庭としての景色を失い、それとともに区画Ⅰの権威の空間としての機能は失われたと考えられるが、その年代は十六世紀中葉とされる。

【区画Ⅱ】　区画Ⅱは、溝ＳＤ１０１８や溝ＳＤ１０５３によって、三つの区画に細分される。

区画Ⅱ-①では、二枚の遺構面が確認されている。

第一遺構面では、枯山水庭園とそれに伴う礎石建物跡（ＳＢ１００１）が確認されており、ＳＢ１００１は会所跡と推定されている。時期的には、十六世紀第３四半期以降に造営された庭と建物で、十六世紀末（一五八二年？）に廃絶する。

第二遺構面では、庭と建物跡の下層で南北方向に延びる溝跡（ＳＤ２００１）が検出されており、この溝は十六世紀第３四半期に埋没する。また、やや西側では南北方向に延びる幅約五ｍで断面がＶ字型を呈する濠２００２が確認されており、庭が造営される以前の区画であろうと考える。濠２００２の覆土から出土した京都系かわらけは、十六世紀第１四半期から第２四半期の年代が与えられる。

区画Ⅱ-②では、区画Ⅱ-①より遺構面がやや低くなり、出土する遺物では鍋・釜等の煮炊具や、壺や甕等の貯蔵具の割合が増える。また、建物を復元するには至っていないが、多数の柱穴が検出されていることから掘立柱建物も想定される。これらのことから、①の空間が庭のあるハレの空間であるのに対して、②はケの空間であることが想定されている。

またこの区画では、検出面は同じであるが、多くの柱穴に切られた溝がSD1003・SD1014・SD1017と等間隔に並ぶ。これらの溝からは、十六世紀第1四半期から第2四半期のかわらけが出土している。濠2002や、これらの溝の存在を考えると、勝瑞城館は小区画を統合しながら拡張した可能性が考えられる。

【区画Ⅲ】 区画Ⅲでは、西側で二棟の礎石建物跡と一棟の掘立柱建物跡が検出されている。また、北側では高い密度で遺構が検出されており、遺物の出土量も多い。出土遺物では、人形手の青磁碗や、交趾三彩の桃形水滴、青白磁梅瓶等、希少な中国磁器が認められることは特筆すべき点である。現時点で曲輪の性格はよくわからないが、曲輪の北西部は遺構の切り合いも激しく、使用頻度の高い地区であったことがうかがわれる。

【勝瑞城跡】 勝瑞城館は、指定地としては、現状から見性寺の境内となっている勝瑞城跡と、県道松茂吉野線を挟んで南側にある勝瑞館跡に分けられている。しかし二つの遺跡は、最終段階には一体のものとして機能していたと思われ、前述した範囲に広がる可能性が高い。

勝瑞城跡は、現状でも周囲を幅約一三mの濠で区画されており、土塁が一部に残っている。その規模は、濠を含めて東西約一〇五m、南北約九〇mで、北西部に張出を有した不整方形を呈する。

勝瑞城跡の発掘調査は、一九九四年から九八年にかけて実施された。発掘調査の結果、この部分を築く際に七〇cm程の盛土が施されていることが確認された。その盛土層の下層から、一五八〇年頃を上限とする備前焼Ⅴ期新段階の擂鉢が出土しており、このことから、勝瑞城跡の部分は廃絶の直前、つまり天正十年（一五八二）の直前に築かれたものであることが確認されている。

この時期、勝瑞を取り巻く軍事的緊張は高まっており、天正九年には羽柴秀吉からは勝瑞の防備を固めるよう命じる書状が送られている（「九鬼文書」『阿波国徴古雑抄』所収）。勝瑞城跡の構造を見てみると、幅約一三mの大規模な濠とともに、基底部幅約一二・五m、高さ約二・五mの土塁が築かれており、勝瑞館跡と対照的にここでは防御的な意識が感じられる。これらのことから、勝瑞城跡は長宗我部氏の勝瑞侵攻に対して築かれたものであり、有事には北側に近接する旧吉野川への退路を確保するための詰城的性格の砦であったことが考えられるのである。

また、大量の瓦の出土が特徴的で、織豊系城郭として築かれたことがうかがわれる。

勝瑞城館の構造の変遷と居館整備の画期

以上が、勝瑞城館の様相であるが、これらを概観すると、最終段階の形に至るまでの変遷が次のように認められる（図5）。

まず、区画Ⅰでは十五世紀代に池が構築されていたと考えられる。十六世紀第1四半期には池泉庭園が再整備される。おそらくこの時期を通して、権威を表象する空間としての性格を持っていたのであろう。同様の時期の遺構としては、曲輪Ⅱで検出されている薬研堀（濠2001・2002）や小規模な区画溝（SD1003・1014・1017）である。

次に、十六世紀中葉には池泉庭園は廃絶し、区画Ⅰはかわらけの焼成窯が構築され、周辺には廃棄土坑が多数確認できる。薬研堀は埋没し、溝で区画された小区画は統合され、幅一〇m以上、深さ三～三・五mの大規模な濠で区画された曲輪が形成されはじめる。この大規模な濠は、低湿地に立地する城館であるため、区画の目的のみならず、治

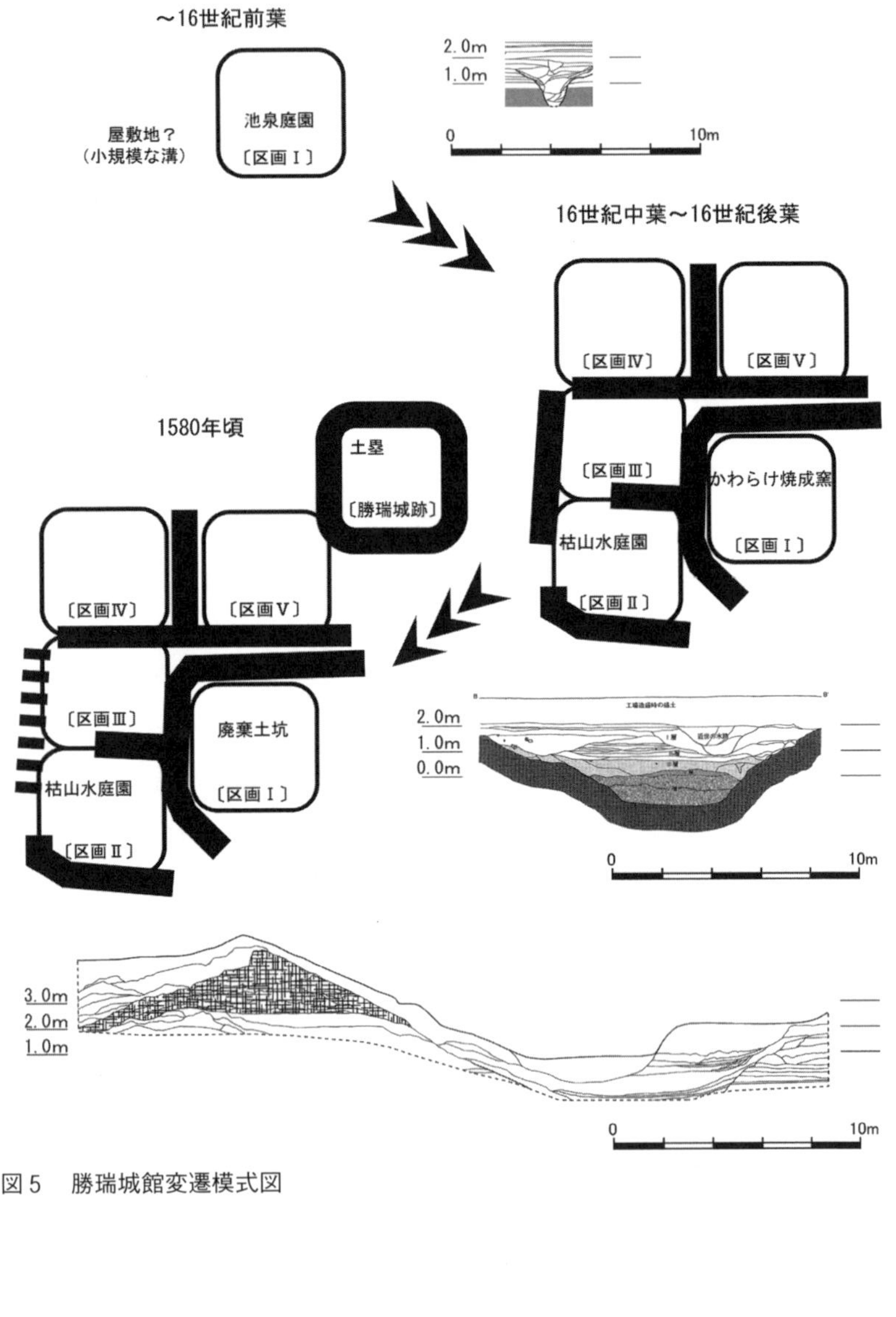

図５　勝瑞城館変遷模式図

水を兼ねたものである。十六世紀第3四半期には枯山水庭園が区画Ⅱ-①に造営される。

そして、最終段階の一五八〇年前後に勝瑞城が築かれるのである。

こうした変遷の背景にある歴史事象としては、権力者の移り変わりや社会情勢の大きな変化があげられると考え、以下の点を抽出した。これらを一覧にしたのが表3である。

まず、第一の画期は勝瑞守護所の成立である。勝瑞守護所の成立については諸説あるが、現在は十五世紀前葉説が有力であると思われる。そして、第二の画期は文亀二年（一五〇二）とされる細川氏の阿波在国である。十五世紀後半から十六世紀初頭にかけて阿波守護細川家を支え続けた成之は、応仁・文明の乱以後も在京を続けたが、文亀二年頃には阿波に下り、在国するようになる。さらに第三の画期は永正年間（一五二〇頃）とされる三好氏の勝瑞居住である。元長は、岩倉（美馬市脇町）にあった阿波小笠原氏が宝治二年（一二四八）に創建したといわれる宝珠寺を永正年間に勝瑞に移転させ、祖父之長の院号「見性寺殿」に因んで見性寺に改称したという（『板野郡誌』）。また、大永七年（一五二七）に管領細川晴元とともに足利義維を擁して堺へ渡海するが、このとき「井隈内勝瑞分壱町壱段」を見性寺に寄進している（「三好元長寄進状」見性寺文書）。

表3　勝瑞城館の整備の画期となる事象と遺構の一覧

画期	事象	時期	守護	三好氏	遺構
1	勝瑞守護所の成立	15世紀前葉	義之・満久・持常		
2	細川氏の阿波在国	文亀2年（1502）	之持	之長	
3	三好氏の勝瑞居住	永正年間（1520頃）	持隆	元長	
4	三好実休が細川持隆を自害に追い込む	天文22年（1553）	持隆	実休	
5	細川真之が反三好の旗を掲げる	天正4年（1576）	真之	長治	
6	勝瑞城の争奪戦	天正8年（1580）	真之	存保	
7	勝瑞落城	天正10年（1582）		存保	

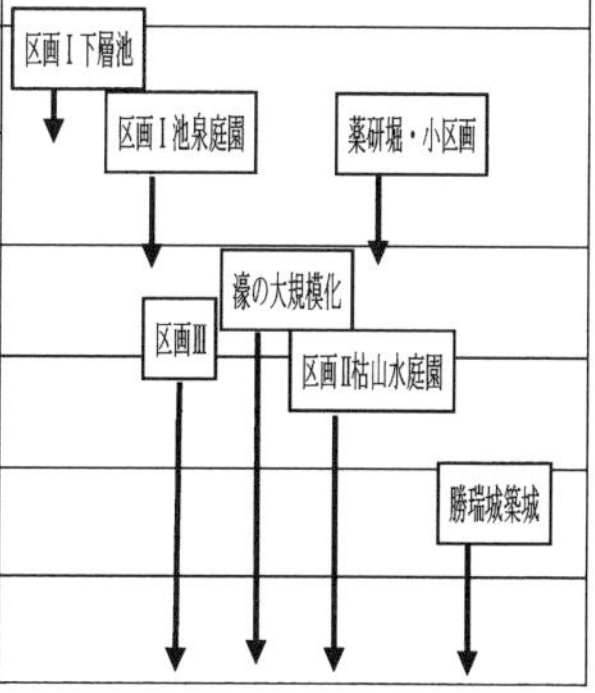

このことから、この時期には三好氏は勝瑞に居住をしていたと思われる。

第四の画期は、三好元長死後に長慶の本宗家と、実体の阿波三好家に分化する時期である。そして、実休は天文二十二年（一五五三）に守護の細川持隆を殺害し、実質上阿波の実権を握ることになる。発掘調査ではこれ以後の時期に勝瑞城館が拡張、整備されていく様子がうかがわれるが、これは三好氏の権力の伸長があらわれているのではないだろうか。

第五の画期は、天正四年（一五七六）に細川真之が勝瑞城館を脱出し、反三好勢力の一宮氏に擁立される時である。天文二十二年以降も阿波守護には真之が擁立され、守護細川家と阿波三好家の併存状態が続いていたが、この時がまさに決別の時なのである。

そして、第六の画期は天正八年～十年頃である。この時期には城主のめまぐるしい変遷が見られる。三好長治没後に阿波三好家を再建した十河存保であったが、織田信長や羽柴秀吉と通じて、当時阿波に侵攻していた長宗我部元親や一宮成助を引き込んだ篠原松満らと対立することにより、一時讃岐へ退去することになる。このとき、一宮成助が勝瑞に入る。しかしその後、信長と本願寺の和睦に反対して本願寺を退去した牢人や紀伊・淡路の軍勢が勝瑞を奪い取り籠城する。これに対して秀吉は、黒田孝高や生駒親正・仙石秀久らを阿波へ派遣して勝瑞を攻略した。しかし、阿波への介入はさほど深入りしなかったため、最終的には天正九年一月には十河存保が再び勝瑞を奪還することとなる。さらに、その翌年の天正十年には土佐の長宗我部氏の勝瑞侵攻もあり、戦国時代を通じて軍勢が迫るような危機的な状況がなかった勝瑞が、信長を中心とした広範な地域を巻き込む大規模な戦争の一環に組み込まれることとなり、勝瑞の要塞化が現実的な問題としておこったと分析する〔天野二〇一四〕。この時期がまさに勝瑞城が築かれた時期であろう。

そして、第七の画期として、天正十年の長宗我部氏の勝瑞侵攻をあげる。天正四年以来、長宗我部氏の阿波侵攻を受け続けていた阿波三好勢であるが、織田信長の四国征伐軍によって一時は息を吹き返していた。しかし、天正十年に本能寺の変で信長が没すると、信長勢も畿内へ帰り、同年八月には中富川の合戦で長宗我部勢に大敗を喫し、一か月ほど勝瑞城館に籠城するが、城主の十河存保は開城して讃岐へ退く。ここに勝瑞城館は、阿波の中心地としての機能を失うこととなった。

おわりに

勝瑞城館は、室町時代の阿波の政治の中枢であり、その変遷は阿波の社会情勢を大いに反映している。
勝瑞城館の変遷と歴史的事象との対応は今のところ明確にはわからない。しかし、区画Ⅰの池泉庭園の整備、廃絶、そして、権威の中枢としてとらえられるこの空間においてかわらけの焼成窯を築くという行為の背景には何があるのだろうか。それは、小野正敏氏が指摘するように、細川氏から三好氏への政権の交代とも考えられる〔小野二〇一七〕。その後、濠が拡張されるが並立した関係の屋敷地が複数見えることは、勝瑞におけるその時期のヒエラルキー構造を表しているのであろうか。さらに、最終段階で突如現れる土塁を持つ空間は、戦乱に巻き込まれた阿波の状況を物語っている。

さらなる検討を加えることによって、室町期の阿波の様相が明らかになっていくであろう。

第四章　芸予諸島の「海城」と合戦

図１　国史跡　能島城跡

大上　幹広

はじめに

城館には、その地域の様々な特徴を見出すことができる。瀬戸内海の島々が密集する芸予諸島には、小さな島全体を城郭化した「海城《うみじろ》」と呼ばれる城がいくつもある（図3）。四国地方の愛媛県今治市と中国地方の広島県尾道市を結ぶしまなみ海道を行けば、いくつもの「海城」を見ることができる。

「海城」は、中世城館のなかでも、海との関係性が窺われるものとして、その概念を用いて分析されてきた。海上勢力や海に関わる城郭という意味では、①海辺の山頂や丘陵上に位置することによって海と接している、②大規模島嶼のなかの山頂や丘陵上に位置することによって海を意識している、③小規模島嶼全体を城郭化し、四周を海に囲まれている、という三つの場合に大きく分類されることが多い。このなかでも③が、芸予諸島に特徴的に見られる「海城」で、それらの多くは、能島《のしま》村上氏に代表される海賊衆の活動拠点だった。

瀬戸内海は、島が密集しているため、干満差が大きく、潮の流れが複雑で早い箇所も見られる（図5）。場所によっては、干満差は三m以上にもなり、潮流が約一〇ノット（時速一八・五km）に及ぶ時もある。そのため、芸予諸島周辺は古くより航海の難所でもあった。中世の瀬戸内海で活躍した海賊衆は、航行する船舶から通行料を徴収し、その見返りとして水先案内・安全保障を行うことを日常的な生業としていた。最も代表的な勢力が、能島村上氏であり、十六世紀後半に日本を訪れたポルトガルの宣教師ルイス・フロイスから、「日本最大の海賊」と称されたことでも知られている。その能島村上氏が本拠とした「海城」が、能島城（図1）である。

芸予諸島の「海城」のなかには、二〇〇〇年代以降に発掘調査が行われ、考古学による調査成果が得られている城郭もある。能島村上氏の本拠で、芸予諸島の代表的な「海城」と言える国指定史跡の能島城跡では、二〇〇三年から二〇一五年まで、主に発掘による調査がなされ、報告書も刊行されている。そして、これらの調査を踏まえて能島城の機能が検討されている。

本稿では、芸予諸島に特徴的に見られ、近年研究が進展しつつもある「海城」を取り上げ、「海城」の機能・役割、そこでの合戦について論じたい。以下、一節では芸予諸島の主な「海城」を紹介し、二節では「海城」をめぐる研究史を概観し、三節では近年の発掘調査を踏まえての能島城の評価を確認する。そして、四節では、「海城」で行われた合戦について、文献史学の立場から、若干の考察を加えたい。

一　芸予諸島の「海城」

本稿で取り上げる芸予諸島の「海城」とはどういったものなのか。本節では、この後の議論のなかでも取り上げるいくつかの「海城」を中心に紹介する〔村上海賊魅力発信推進協議会編二〇一七〕。

能島城　［場所］今治市宮窪町沖の能島・鯛崎島　［年代］十四世紀中頃～十六世紀末　［城主］能島村上氏

能島城は、小島全体を城郭としており、航海の難所である宮ノ窪瀬戸を押さえる位置にある。発掘調査では、安定的に出土する遺物の年代が十四世紀後半頃まで遡るとされており、これは能島村上氏の一次史料上の初見である貞和五年（一三四九）と概ね合致している。詳しくは後述するが、発掘調査によって居住性も認められたことから、生活の場でもあったことが明らかになっている。能島城跡の発掘調査の成果については、三節で紹介したい。

甘崎城《あまさき》（図2）［場所］今治市大三島沖の古城島　［年代］十五世紀～十七世紀初頭　［城主］今岡氏→村上吉継→藤堂氏

甘崎城は、大三島沖の小島である古城島全体を城郭としており、海の難所である鼻栗瀬戸を押さえる位置にある。発掘調査での出土品の年代は、十五世紀まで遡るものが確認される。室町時代の城主は、河野氏の庶流とも言われる今岡氏と伝わる。戦国時代には、村上通康の重臣として活動し、その後は毛利氏に付いた村上吉継が城主であった。さらに関ヶ原合戦後には、今治藩の藤堂氏が、広島藩の福島正則の動向を見張るために改修し、来島村上氏の元家臣が在城したとの記録も残る。慶長十三年（一六〇八）に藤堂氏が国替えになって以降に、廃城されたと言われている。

遺構としては、室町・戦国期の柱穴（岩礁ピット）や、江戸時代の石垣が残されている。大潮の干潮時には、時期によっては対岸から渡ることができる。発掘調査では、十六世紀を中心とした土器・陶磁器のほか、十六世紀末から十七世紀初頭頃の瓦も多く出土している。

図2　甘崎城跡

中途《なかと》城（図10）［場所］今治市中渡島［年代］十五～十六世紀頃か［城主］能島村上氏

中途城は、来島海峡の小島である中渡島全体を城郭としており、城主は能島村上氏とされている。天正十三年（一五八五）に、城主であったと思われる能島村上氏に、小早川隆景が退去するよう求めており、この時に廃城になったものと考えられている。発掘調査はされておらず、近代に鉄塔・灯台・信号機等が設置されたため、遺構の残存状況はよくわかっていない。

ここでは三つの「海城」を取り上げたが、これらの「海城」は、航路を押さえるような場所に築かれているのが特徴とされる。「海城」によって、瀬戸内海を行き交う船舶を監視することができたのだと思われる。海賊衆の海上交

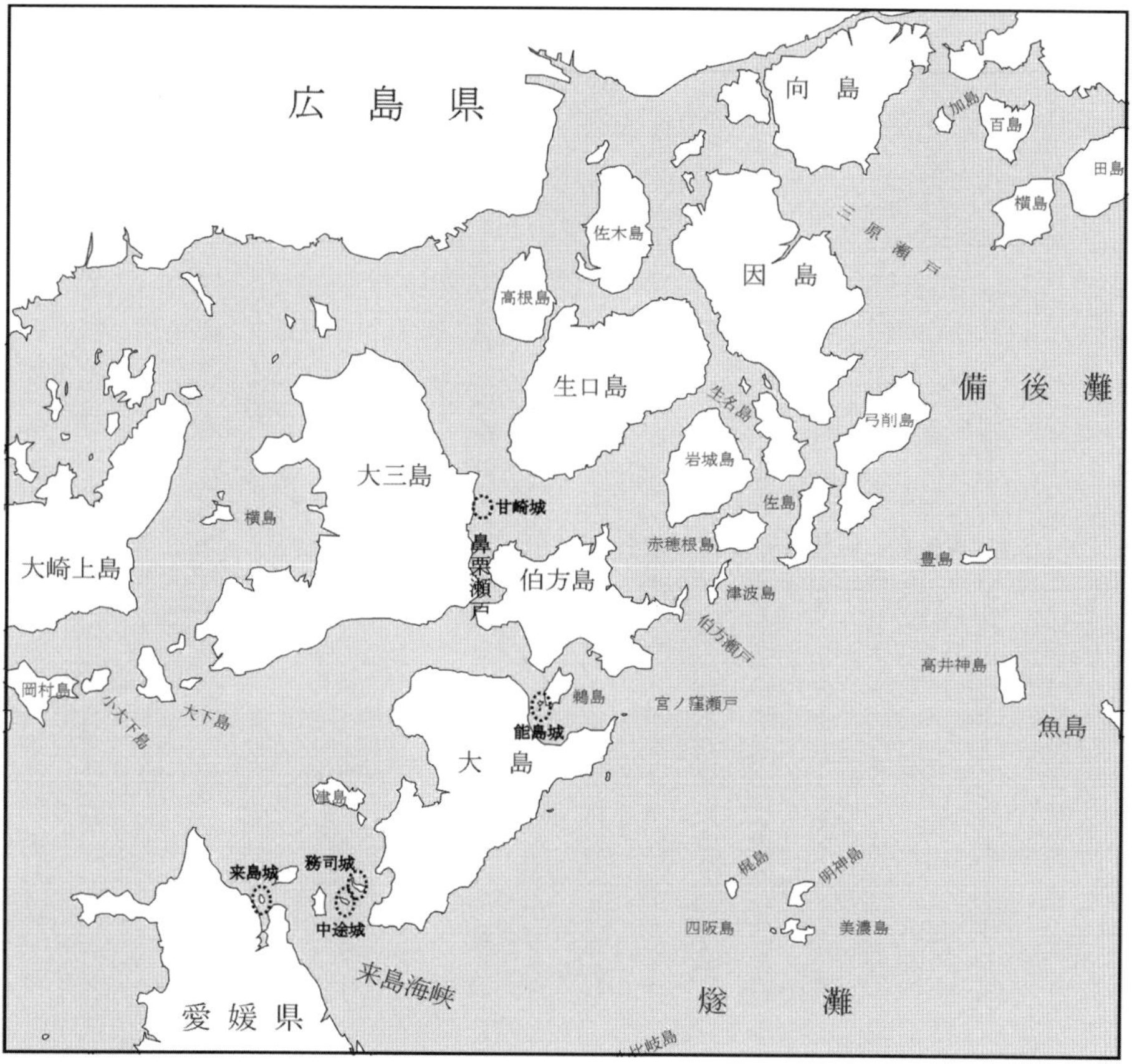

図3　芸予諸島の「海城」（主なもの）

通における役割を示す施設と理解できよう。また、小島全体を城郭とした「海城」の対岸には、「水場」という地名が残っていることが多く、対岸とも連動して機能していたと考えられている。

以上、簡単にではあるが、芸予諸島の「海城」がどういったものであるかを見てきた。続く二節では、「海城」に対して、先行研究ではどのような見方がされてきたのか、簡単に触れておきたい。

二　芸予諸島の「海城」をめぐる研究

本節では、「海城」をめぐる研究史を簡単に確認していく。「海城」との概念で分析される城郭は、様々な地域にあり、豊臣政権期にも「海城」と呼ばれる城郭が多く見られるようになるが、そうした類の城郭を全て対象とすることはできないため、必要のない限りは戦国期の芸予諸島の「海城」に対象を絞って、先行研究を見ていきたい。

一九八〇年代までは、「海城」に着眼された時期と言える。早くは、戦前の一九三九年に鵜久森《うぐもり》経峯氏が、『伊予水軍と能島城趾』を著した。このなかで鵜久森氏は、能島城を伊予水軍の根拠地として、堅固な関門要塞であると評価している〔鵜久森一九三九〕。戦後から一九八〇年代までの時期の代表的な研究として位置づけられるのが、村上和馬氏の論考であると思われる。村上氏は、「海城」を「海賊城」とも呼んだうえで、警固衆〔海賊衆〕が、海を縄張りの一部として構築したもので、繋船施設を有する城郭とした。また、港湾や海峡の監視を主目的として、攻城戦に耐えうるものは少なくないと評価している〔村上一九八九〕。

続く一九九〇年代には、主に文献史学・城郭研究の立場からの成果が出された。網野善彦氏は、紀伊半島での事例から、海城を「海の領主」〔小山氏等〕の城郭とし、海を見はらす城山や岬の城で、見張所・指揮所として機能していたとした。そして、こうした紀伊半島での評価を芸予諸島に敷衍させて、瀬戸内海の「海城」について、以下のように述べた〔網野一九九二〕。

瀬戸内海の「海賊」、村上氏などが警固料を徴収したことが知られているが、「海城」はその実現のために、なくてはならない施設であった。もしも警固料を出さずにその前面を通過する船があれば、城はその機能を全面的に発揮し、その船を拿捕するが、警固料を置いていくならば、水軍は責任をもって航行の安全を保障したのであった。

「海城」の機能をよく言い得ていると思われ、現在の研究段階においても、「海城」の役割の説明としては用いることが可能であろう。同年には、瀬戸内海の「海城」を考察の対象とした、山内譲氏の論考も出された。山内氏は、海上勢力や海にかかわる城郭のうち、小規模島嶼全体を城郭化したものを、芸予諸島に特徴的な「海城」としたうえで、それらの特徴として、縄張の単純さ、島の周囲に見られる多くの柱穴、海域への眺望のよさ、をあげている〔山内一九九二〕。また、城郭史の立場からは、中井均氏が、海賊の城（「海城」）を、島全体を城郭としたもので、土塁や堀は認められず、岩礁にピットが存在するものと論じた〔中井一九九五〕。これら一九九〇年代の論考では、主に潮流による「海城」の防御機能が積極的に評価されてもいた。

二〇〇〇年代以降になると、はじめにでも簡単に触れた通り、発掘調査がいくつかの「海城」ではなされたことから、考古学からの成果も得られるようになった。しまなみ海道の建設に伴って行われた文化財調査では、甘崎城跡・来島《くるしま》城跡の調査がなされ、報告書にはこれらも踏まえた論考が掲載された。日和佐宣正氏は、「海城」の縄張は自然地形に規定されたもので簡素、外部に対してオープンとしたうえで、軍事的な防御機能が潮流に依拠したとは考えられず、象徴性も含めた航路支配の機能を担っていたと評価した。谷若倫郎氏は、「海城」と瀬戸内海の航路との関係を論じた（愛媛県教育委員会文化財保護課編二〇〇二）。

二〇〇七年には、中世城郭研究者セミナーが、「海城」をテーマとして開催され（千葉大学）、そのなかでは芸予諸島の「海城」も取り上げられた。この成果は、翌二〇〇八年に刊行された『中世城郭研究』二二号に掲載されている。柴田龍司氏は、全国各地の「海城」と呼ばれる城郭を網羅的に検討したうえで、芸予諸島の「海城」は海関機能を持ち、小島全体を城域とする全国のなかでも特殊で珍しい事例であると評価した。市村高男氏は、軍事論中心であった城郭研究に交通や流通の問題を組み込むことができることから、「海城」が戦国期における日本列島の政治・社会経済構造を見直すのに有効性を持つと指摘する一方で、①概念が不明確であること、②概念が拡散状況にあること、③実際の使用のされ方や機能が不明瞭であること、の三点を議論のなかでの問題点としてあげた。これらの論考では、それまでの研究を前提として、他地域の「海城」との関係のなかで、芸予諸島の「海城」が位置づけられるようになったことが注目される。また、日和佐氏は、絵画資料等から岩礁ピットの使用例を検討するとともに、防御施設の貧弱さを指摘した（中世城郭研究会編二〇〇八）。

こうしたなかで能島城跡では、二〇〇三年から二〇一五年まで調査がなされ、報告書も刊行されている。発掘調査に携わった田中謙氏によって、能島城の機能の検討等もなされており、現在は能島城跡の調査成果を総括・精査していく段階に入ったと言える。次節では、田中氏の成果によって、能島城跡の調査成果を紹介したい。

三　能島城跡の発掘調査

本節では、二〇〇〇年代に行われた能島城跡の発掘調査を踏まえて、能島城がどのような場所で、どういった機能を担っていたのかを、田中謙氏の成果に拠りながら見ていきたい（図4）〔田中二〇一七等〕。発掘調査が始まる前までは、能島城は日常的な居住空間としては評価されておらず、見張り場や船だまり、詰めの城として能島城は見られてきた。こうした評価が、発掘調査によって変化している。

まずは、海岸部の遺構について見てみる。特徴的な遺構としては、岩礁ピット・海蝕テラス・木柱・石積による護

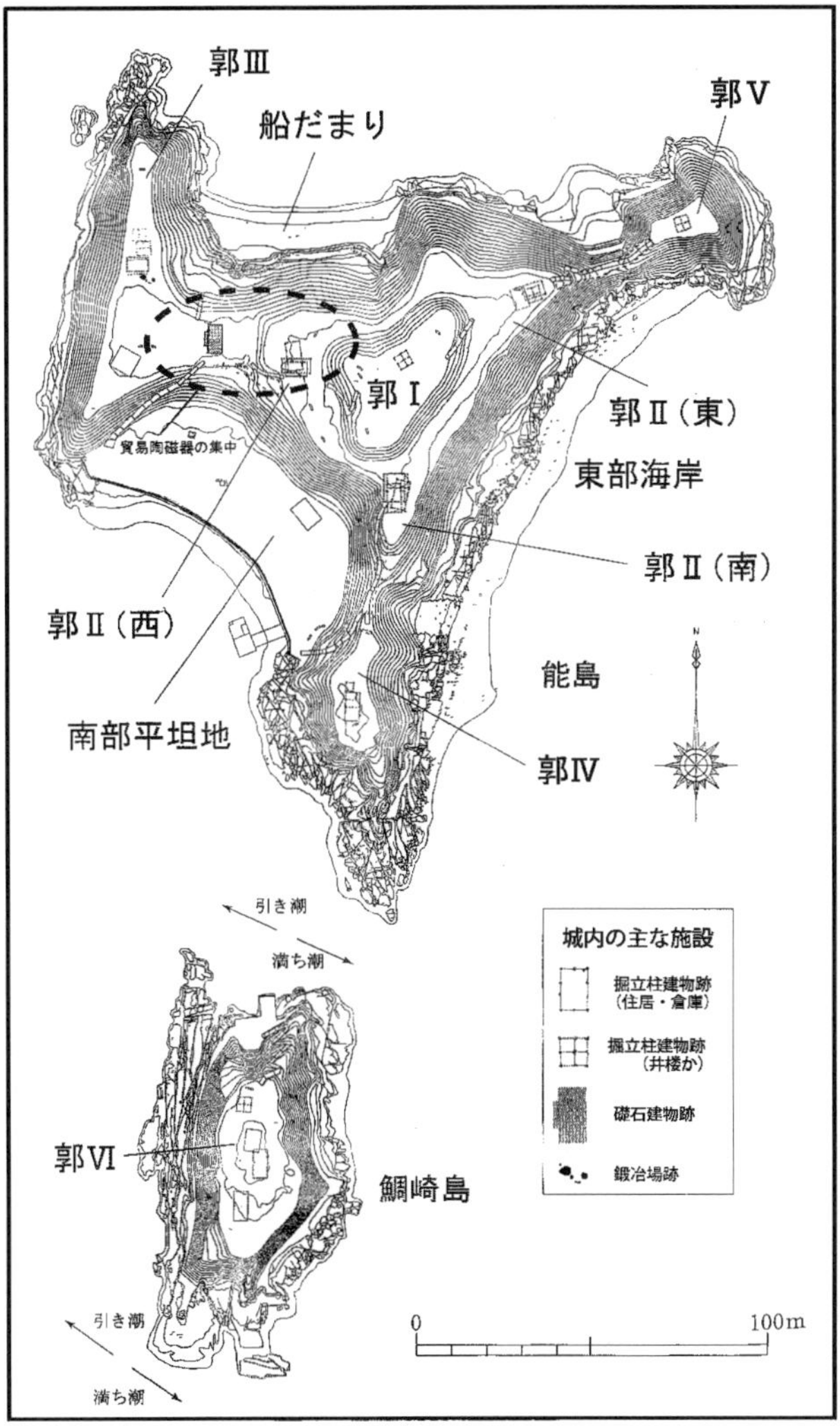

図4　能島城跡郭配置図
（田中謙「海の城」〔『季刊考古学』139、2017年〕より）

岸と埋め立てをあげることができる。南部平坦地は、海岸を埋め立てており、作業場や軍事演習に使用された多目的ヤードとされる。船だまりや、廓へと続く通路や、連続する平坦地が見られ、接岸・繋留・城の玄関口の機能を果たしていたとされている。東部海岸からは様々な配置形態の岩礁ピットが検出され、接岸・繋留、船の修理やメンテナンスに使われたと考えている。繋留・停泊・護岸施設の痕跡を海岸部には見ることができ、これらの施設は海に対して開放的と言える。

続いて、各郭の遺構を見てみる。郭Ⅰ（本丸）からは、掘立柱建物跡一棟と無数の柱穴が検出され、かわらけが大量に出土したため、儀礼・饗宴の場であったと考えられている。郭Ⅱ（二之丸）では、東・南・西に掘立柱建物跡や大型方形遺構が見つかった。また、西区からは貿易陶磁器や奢侈品が多く出土しており、中枢的空間であったとされている。郭Ⅲ（三之丸）では、北側で掘立柱建物跡と鍛冶関連遺構が発見され、生産空間としての性格が明らかとなった。南側では礎石建物跡一棟が見つかったほか、貿易陶磁器が多く出土しており、ここも中枢的空間として機能していたとされる。郭Ⅳ（東南出丸）では、掘立柱建物跡一棟、地鎮め遺構が見つかった。また、土製仏像も出土しており、生活・祭祀の場であったと考えられている。郭Ⅴ（矢櫃出丸）からは井楼櫓の可能性のある建物跡が検出されたが、その他は機能不明とされる。郭Ⅵ（鯛崎出丸）からは、三棟の掘立柱建物跡が見つかり、生活容器が豊富に出土した。燧灘方面の監視を担っていた可能性も想定される。

これらの発掘調査を踏まえて、能島城について現段階では、次のような評価がなされている（田中氏による）。

> 戦時における防御施設としての機能はもとより、それ以上に平時の海上における経済活動の拠点として機動性を重視した構造。また、これらの諸活動に従事する人々の生活の場でもあり、一方で武家の儀礼や饗宴など非日常的な空間としての性格も認められる。さらに貿易陶磁器の出土量が中世遺物全体の約四％と他遺跡と比べて豊富

であることや、奢侈品も多く認められることから、能島村上氏における上層階級の居住や滞在も想定することができる。

四　芸予諸島の「海城」での合戦と潮流・潮汐—天文年間の合戦を事例として—

ここまで芸予諸島の「海城」をめぐる研究動向や、近年の能島城跡の発掘調査の成果について、簡単に触れてきたが、九〇年代までと二〇〇〇年代以降の研究で、大きく評価が変わっているのが、「海城」の防御機能への評価である。九〇年代までは、防御機能も備えており、詰めの城として機能したとの見方が強かったが、二〇〇〇年代以降、防御機能は高くなく、日常的な経済活動の拠点だとの見方になっている。防御性への評価が分かれるポイントとなるのが「海城」周囲の潮流である。「海城」の周囲では、潮の流れの強い大潮の日には、激しい潮流を見ることができる（図5）。

このような「海城」周囲の潮流を、九〇年代までは防御機能のひとつとして評価していたが、二〇〇〇年代以降の研究では、潮止まりがあり、潮の流れが弱い日もあるため、潮流による防御機能を過大評価することはできないとの見解が示されている。このように潮流への評価が変化しているが、こうしたなかにあって、建設的な議論を行うためには、実際に合戦がなされた日には、どういった潮流・潮汐だったのかを探り、実態に即した議論を試みることが必要となるのではないか。

幸い、天文年間後半（一五四〇年代）の芸予諸島の「海城」をめぐる合戦に関係する史料からは、合戦がなされた具体的な日付を知ることもできる。これらの史料を用いて、「海城」での合戦を、その日の潮流・潮汐を踏まえて検討し、「海城」の防御機能について議論するための素材とすることを試みたい。海上での合戦は、その日の天候や風など、様々な要素に規定されたと考えられるが、「海城」での最も特徴的な要素のひとつとして、潮流・潮汐を取り上げてみたい。

方法としては、和暦を西暦（ユリウス暦）に変換し（ＷＥＢツール「換暦」〔http://maechan.net/kanreki/〕を使用）、海上保安庁ホームページの潮汐推算（http://www1.kaiho.mlit.go.jp/KANKYO/TIDE/tide_pred/index.htm）によって、その日の付近の潮汐を導き、二〇一七年のその周辺の時期で同様の潮汐となる日を探し出し、その日をモデルとして潮流・潮汐を考察する。榎原雅治氏は、鎌倉時代の旅の記録に書かれた干潟での潮待ちの記事を、和暦を西暦に変換して、海上保安庁ホームページの潮汐推算から導き出される潮汐曲線を用いて読み解き、潮汐曲線で潮が引いている時間帯と、旅の記録で干潟を通過している時間帯が合致するような事例をあげている（榎原二〇〇八）。服部英雄氏は、元寇での元軍の軍事行動を、月齢が同じ日の潮汐を踏まえて検討しており、満潮時刻に元軍が上陸を試みたとしている（服部二〇一五）。本稿での潮流・潮汐を考察するための方法論は、以上のような先行研究で採られた方法に学んだものである。榎原氏の分析から、中世の特定の日付の海上の状況を分析するために、潮汐推算を利用することへの有効性を認めることができると思われる。

図５　能島城跡周辺の潮流

また、前述のように、「海城」の縄張は簡素であり、上陸を許したような時には勝負が決していたと見られているので、主たる攻防は付近の海上でなされていたと考えられている。ここでも、「海城」をめぐる合戦は、その付近の海上で行われていたと考え、海上の潮流・潮汐を取り上げる。検討に際して用いる史料では、「海城」をめぐって合戦がなされている。攻め手は中国地方の戦国大名大内氏の軍勢であるが、守る側の勢力については、芸予諸島の反大内氏勢力ということまでしか、現状ではわかっていない。

事例Ａ　天文十年の甘崎城をめぐる合戦

最初に検討するのが、天文十年（一五四一）の甘崎城をめぐる合戦である。天文十年八月十二日付の「大内義隆感状」（『安芸白井文書』、『戦国遺文 瀬戸内水軍編』四八号）からは、同年六月二十四日に甘崎城を大内軍が攻撃したことがわかる。

この合戦があった天文十年六月二十四日は、西暦（ユリウス暦）では、一五四一年七月十七日に当たる。甘崎城付近で潮汐推算ができる地点である因島土生（広島県尾道市）での、この日の潮汐を求める

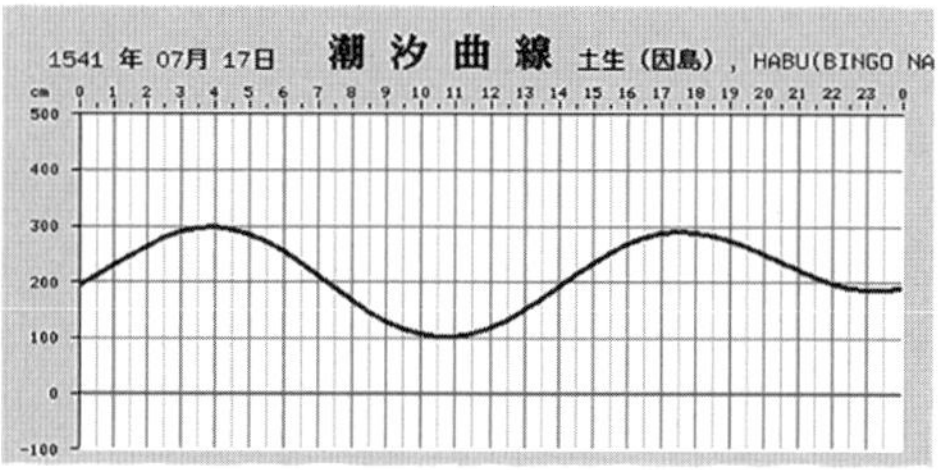

図６　【資料１】天文10年６月24日（和暦）の因島土生の潮汐曲線（出典：海上保安庁ホームページ〔http://www 1.kaiho.mlit.go.jp/KANKYO/TIDE/cgi-bin/tide_pred.cgi?area=3409&back= 1.% 2 Ftide_pred% 2 F 4.htm&year=1541&month=07&day=17&btn=%BF%E 4 %A 1 %A 1 %BB%BB〕）

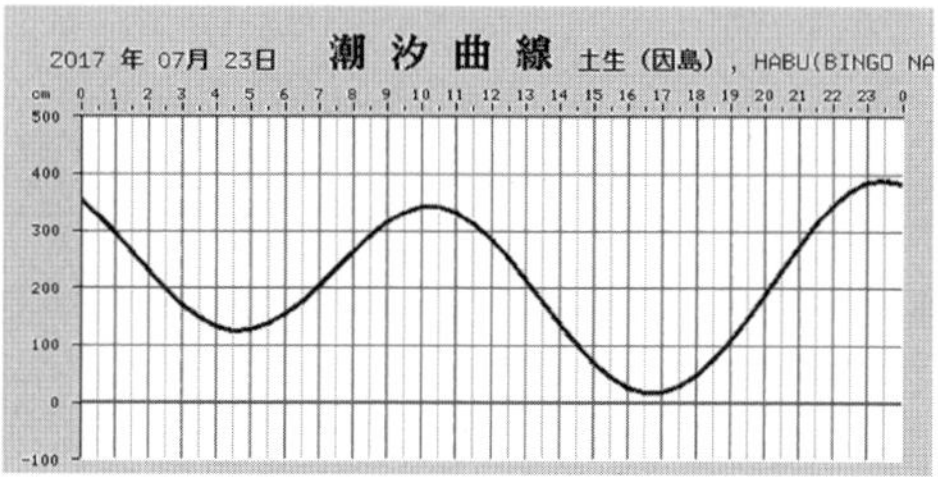

図７　【資料２】大潮の日（2017年７月23日）の因島土生の潮汐曲線（出典：海上保安庁ホームページ〔http://www 1.kaiho.mlit.go.jp/KANKYO/TIDE/cgi-bin/tide_pred.cgi?area=3409&back= 1.% 2 Ftide_pred% 2 F 4.htm&year=2017&month=07&day=23&btn=%BF%E 4 %A 1 %A 1 %BB%BB〕）

と、図6のようになる。同様の潮汐となる二〇一七年の付近の時期は、二〇一七年八月二十九日だと考えられる。この日は、小潮に当たり、潮流は弱い日である。よって、潮の流れが強い大潮の日（たとえば二〇一七年七月二十三日、潮汐曲線は図7）と比較した時には、潮流の影響が相対的に小さい状況下で、甘崎城は攻撃されていたものと考えられる。

事例B　天文十五年の中途城をめぐる合戦①

次に見るのが、天文十五年の中途城（図10）の戦いである。天文十五年九月十三日付の「大内氏家臣連署奉書」（『安芸白井文書』、『戦国遺文　瀬戸内水軍編』五六号）には、同年八月六日に中途城をめぐる合戦があったことが記されている。合戦のあった天文十五年八月六日は、西暦（ユリウス暦）では一五四六年八月三十一日に当たる。この日の中途城付近で潮汐推算ができる地点である今治港の潮汐を求めると、図8のようになる。

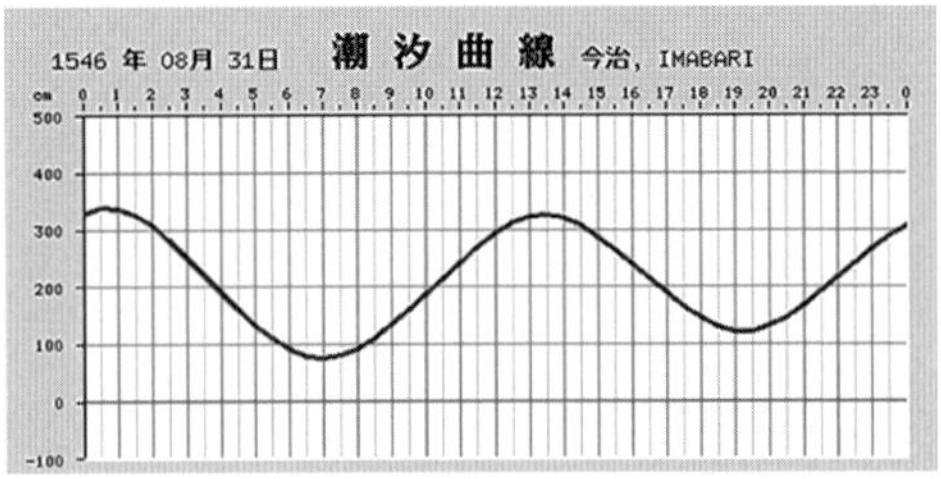

図8　【資料3】天文15年8月6日（和暦）の今治港の潮汐（出典：海上保安庁ホームページ〔http://www1.kaiho.mlit.go.jp/KANKYO/TIDE/cgi-bin/tide_pred.cgi?area=3806&back=1.%2Ftide_pred%2F4.htm&year=1546&month=09&day=01&btn=%C1%B0%C6%FC〕）

同様の潮汐となる二〇一七年の付近の時期は、二〇一七年九月二十五日だと考えられる。この日は中潮に当たり、潮流はまずまずの強さであるが、注目してみたいのが潮流の方向である。来島海峡の場合は、海上保安庁のホームページで、潮流がどの向きにどれくらいの強さであるのかを知ることができる。これを用いて、二〇一七年九月二十五日の来島海峡南部の潮流を見てみると、正午では図9-1のようになる。よって、合戦のあった日の中途城付近の海上も、図9-1のようであったと考えてみたい。右下のグラフ（図9-2）は、潮流の向きと強さを示しており、縦軸のゼロより下（マイナス）が南向きの潮流を、縦軸のゼロより上（プラス）が北向きの潮流を、それぞれ示している。これを

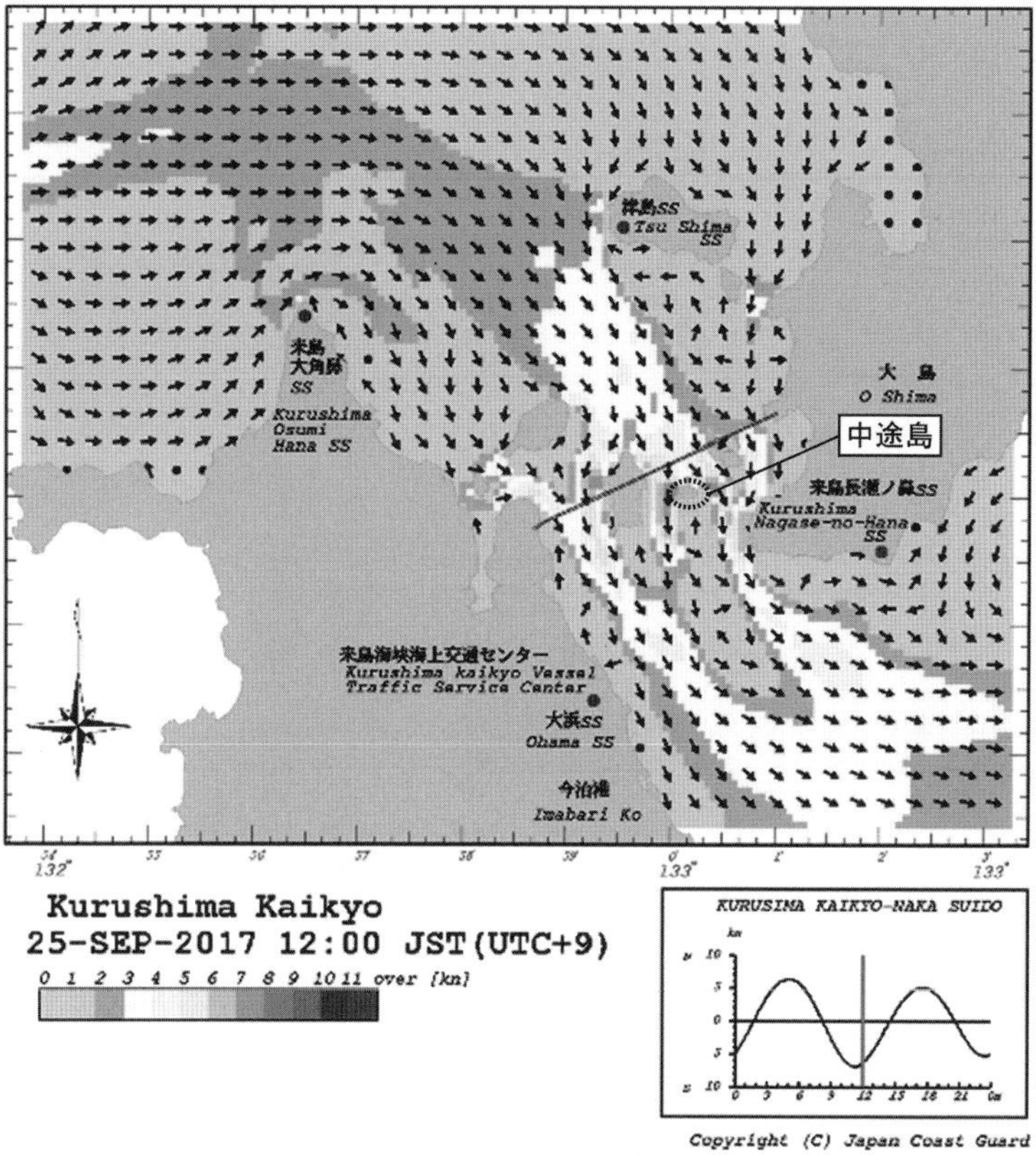

図９－１　【資料４】2017年９月25日正午の来島海峡の潮流（出典：海上保安庁ホームページ〔http://www１.kaiho.mlit.go.jp/KANKYO/TIDE/kurushima_tidal_current/internet_currpred/Kurushima/2017/Kurushima１_/0925/Kurushima１_201709251200.html〕、ただし中途城跡の場所を加えた）

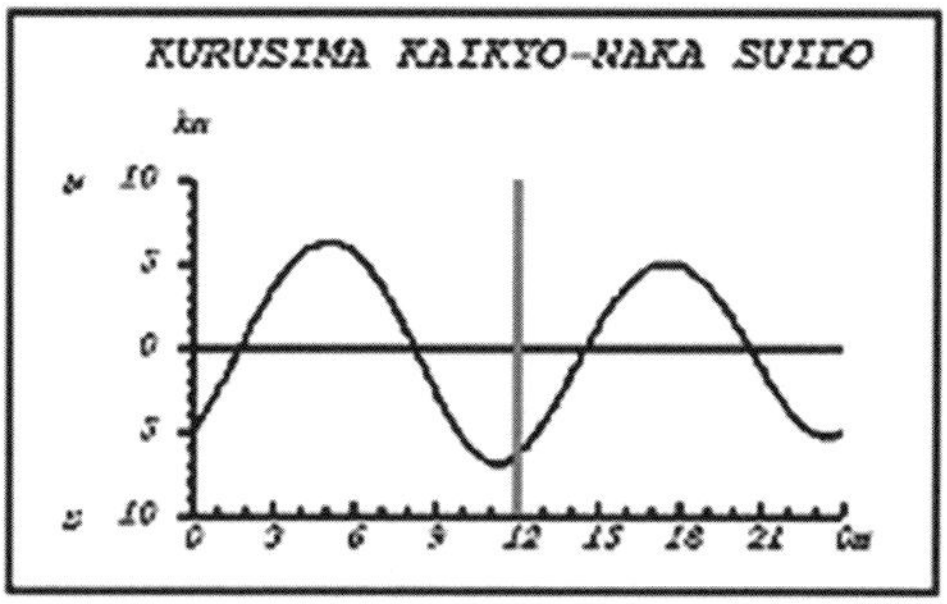

図９－２　【資料４】の右下のグラフを拡大

見てみると、午前八時頃から午後二時頃まで南向きの潮流になっている。

合戦において、攻め手である大内氏は、中国地方側（北側）から中途城方面を目指していると思われ、南向きの潮流はその方面から中途島方面に向けての潮流となる。海上での合戦の場合には、その船の水に対しての速度が問題となり、潮流は無関係との指摘もあるが、「海城」をめぐっての合戦は、攻撃対象が定まっており、このような場合には、攻撃対象である「海城」に向かっての潮流という意味で、攻める側に有利と考えてもよいのではないか。また、埋め立て等による影響については、潮流の速度には影響するものの、方向には影響が見られないとする報告もあり、壇の浦合戦での潮流・潮汐の議論では、そうした前提で検討がなされてもいる〔中本一九九五〕。

以上のようなことから、図9のような潮流の方向であったと考えることに、ある程度の妥当性を認めることもできるのではないか。そのように考えることができるならば、天文十五年の中途城の合戦では、中途城を攻める側に有利な潮流であったと言うことができる。

事例C　天文十五年の中途城をめぐる合戦②

合戦は、その九日後の八月十五日にも行われていたことが、天文十五年九月十三日付「大内氏家臣連署奉書」（「安芸白井文書」、『戦国遺文　瀬戸内水軍編』五七号）からわかる。和暦の天文十五年八月十五日は、西暦（ユリウス暦）では一五四六年九月九日となる。この日でも先と同じような作業をしてみると、中潮の日に当たるが、この日の場合は午前

図10　中途城跡

五時頃から午前十時頃まで南向きの潮流で、その後は午後五時まで北向きの潮流となる。よって、この場合は日中でも北向きの潮流となっており、南向きの潮流が攻め手に有利と考えるならば、攻め手に不利な潮流であったことになる。先にあげたふたつの事例とは異なるような状況を見て取ることができる。

事例D　天文十六年の中途城をめぐる合戦

中途城をめぐっては、翌天文十六年にも合戦がなされた。天文十六年五月十三日付「白井房胤手負注文」(「安芸白井文書」、『戦国遺文　瀬戸内水軍編』六五号)によると、天文十六年五月八日に中途島城をめぐる合戦がなされた。合戦のあった和暦の天文十六年五月八日は、西暦(ユリウス暦)では一五四七年五月二十六日に当たる。これについても、先と同じような作業を行うと、午前十時頃から午後四時頃まで南向きの潮流となっていたと予想され、その時間帯については攻め手に有利な潮流だったと見なしうる。

以上、「海城」をめぐる合戦の具体的な日付のわかる事例について、検討を加えてみた。「海城」が攻撃されている時に周りの潮流があまり強くない事例(事例A)や、合戦がなされたと思われる時間帯に攻める側に有利と見なしうる向きの潮流となっていたことが予想される事例(事例B・D)を確認することができた。こうした事例からは、やはり潮流によって防御機能が担われたとすることは難しいと思われる。潮流・潮汐は、月の満ち欠けによって決まるものであり、ある程度は予測可能であることに注意しておきたい。ただし、攻め手に不利な潮流であるような時にも、合戦がなされているよう事例(事例C)も確認できるため、一概に攻め手が潮流・潮汐を見計らって攻撃したと言い切ることもできず、この点は課題として残る。

たとえば、瀬戸内海の事例ではないが、戦国期の江戸湾では凪の日に対岸の村落を襲撃するよう命じられており

〔真鍋二〇一八〕、その日の風などを考慮してのものだったのかもしれない。事例Cは、潮流・潮汐以外の条件も重要であったことを示す事例と言えるのかもしれない。海上での合戦を、どういったものとして想定するのか、潮流・潮汐の復元方法が上記のようなもので正しいのかなど、議論を詰めなければいけない点も多いが、このようなかたちで、できるかぎり当時の状況を踏まえ、実態に即した議論をまずは試みることが必要と考え、試案を提示した。

ここまで、「海城」の潮流・潮汐を取り上げて少し考察を加えてきたが、実際に「海城」が攻撃されている事例を少し確認してみると、元亀二年（一五七一）から毛利軍に能島城が攻められた時や、天正十年（一五八二）から来島城が河野・毛利軍に攻められた時には、いずれも少なくとも半年以上は耐えており、「容易には落城していない」とも評価されている〔山内一九九二〕。九〇年代までの研究においては、その理由が「海城」周囲の潮流に求められてきたが、二〇〇〇年代以降の研究で指摘され、本稿でも少し考察を加えたように、そうした理解をすることは難しそうである。

それでは、どのような点に「海城」の防御機能を見出すことができるのか。近年の研究では防御施設としてよりも、平時の経済活動の拠点としての役割が強調されがちであるが、「海城」単体での防御機能を評価するのが難しいのならば、対岸の地域との連動性や付近の他の「海城」との関係なども踏まえるなどして、やはり防御施設としても、議論を深める必要があると思われる。今後の課題としたい。

おわりに

本稿では、芸予諸島の「海城」について見てきた。しかし、「海城」とは何か、という点においては、いまなお漠然とした印象を拭いきれないのではないか。この意味においては、「海城」の概念が不明確であるのに拡散しているとする、先に触れた市村氏の指摘する課題を、今後も議論していく必要があろう。ただし、現段階においては、それぞれの地域の事例の検討を積み重ねていく段階にあるとも思われる。

そのためには、たとえば小島全体を城郭とした芸予諸島に特徴的な城郭については、芸予諸島に特徴的な「海城」という意味で、狭義の「海城」としたうえで考察を深め、その他の地域にも見られるような海を意識した城郭については、広義の「海城」として議論に含めて、広く事例を収集し、それらを比較しながら検討していくことが有効なのではないか。議論の幅を広げるためにも、広義の「海城」とされうるものを取り上げることで、それぞれの地域の特徴を明らかにすることができるだろう。

能島城を本拠とした能島村上氏は、戦国期の政治経済構造を背景として、海上での交通や経済活動を担う勢力が地域権力化した点に、その特徴を見出すことが可能と思われ、この特徴が能島城に顕著に表れていると言うことも可能であろう。市村氏が、「海城」の検討によって経済や流通の問題を論じることが可能になると評価したように、こうした比較検討によって、戦国期の日本列島のなかでの地域ごとの差異や特徴を、「海城」と呼ばれるような城郭のある地域については、知ることができるかもしれない。

終章　四国の中世城館研究の展望

西岡　達哉

一　討論に関する所見

「四国の中世城館」のテーマのもとで、「四国の戦国城館と合戦のあり方を探る」の副題を掲げた大会が行われ、参加した四名の報告者から詳細な論考が提示された。筆者は、大会での討論の進行役を務めた経緯から、ここに、討論に関する所見を述べる機会を得ることになったものである。

これまでの四国地方における戦国時代の城館や合戦に関する調査研究については、遺構の縄張り調査を目的とした実地踏査と、古文書及び軍記物等の文献資料の解読を中心に進捗してきた。しかしながら、前者には発掘調査にもとづかない表面探査であることによる制約があり、後者においては軍記物等の文献資料特有の信憑性に関する限界がある中で、双方の研究者が議論を交わす機会も少ないことも重なって、有効的かつ効果的な成果が導かれてきたとは言い難い状況が長期間にわたって続いてきた。

こうした状況の中で、ここでの討論は、双方の研究者が直接対面して意見交換を行うという貴重な機会となったが、筆者としては各報告者の論考が示すとおり、個々の研究手法が大きく異なっていることから、一朝一夕に効果的な討論が成立する可能性は低いと予測された。このため、筆者は、冒頭の副題に従って「城と合戦の関係」から始めて、「城とは何か」の大きい主題のもとで、「城の機能」「城の立地場所の意味」「城における具体的な活動内容」の命題に焦点を絞って討論を進めることにした。

まず、「城と合戦の関係」については、川島報告における元吉城を除き、重見報告において勝瑞城館における合戦の事実がないこと、吉成報告においても城における合戦の実態は不明であること、大上報告においても戦場が城外の海上と考えられることが明らかになり、城が合戦のみを目的としていたものでないことが明らかになった。

次に、「城の機能」「城の立地場所の意味」については、重見報告においては地域の拠点であること、吉成報告においては河川を意識した施設であること、大上報告においては航路の監視や海上交通の遮断を目的とすること、川島報告においては交通の拠点であること、というように、城は交通の要衝や地域の拠点としての機能を有するとともに、立地場所についても特別な意味を有することで見解の一致を見た。

最後の「城における具体的な活動内容」について、各報告者から少なからず発言や提示があった政治活動や経済活動の有無について確認を行うとともに、具体的な内容がわかる事例について聴取した。その結果、重見報告において勝瑞城館の周囲には「町」が展開し、多くの寺院を巻き込んでいたことが明らかにされるとともに、吉野川の水運が利用された可能性があること、吉成報告においても岡豊城と寺院の関係が指摘された上で、海を利用した経済活動の可能性があること、大上報告においては大量の貿易陶磁器の出土から流通基地の可能性が強いこと等の発言があったが、抽象的なやりとりで終局した。一方で、川島報告においては元吉城の攻防が毛利氏の讃岐国支配を意図しながらも、現地の支配は守護代の香川氏に委ねる姿勢が強く、毛利氏自身の政治活動や経済活動に益する方針でなかったことについての指摘があった。

以上の討論内容の要点にもとづくと、「城とは何か」の主題に関しては、現状における研究手法にはおよそのところで限界に達していると判断される。とりわけ、合戦との有機的な関連性が強い城館は少なく、その関連性が弱い他の多くの城館については、この主題について今後も積極的なアプローチが必要であることを強く認識することができた。

二　四国地方の中世城館研究の最近の動向

本書の吉成論考の冒頭に纏められているように、四国地方における中世城館跡の悉皆分布調査は、高知県における遺跡全般に係わる分布調査の一環として実施されたのを嚆矢として、近年の徳島県までの四県すべてにおいて実施されている。

四国地方全体における調査箇所数は、総計二七〇〇箇所以上であり、他地方と遜色がない箇所数と言える。さらに、近年は高知県内の再調査が実施されていることも影響して、箇所数は増加傾向にある。

しかしながら、遺跡の保存活用を目的とする学術的な発掘調査が実施された事例は、重見論考の主題である徳島県藍住町勝瑞城館跡や、大上論考の主題である愛媛県今治市能島城跡等を除いては、香川県東かがわ市引田城跡、愛媛県松山市湯築城跡、同松野町河後森城跡、高知県高知市朝倉城跡、同南国市田村城跡等のごく一部に留まっており、香川県下における松田英治氏、愛媛県下における日和佐宣正氏、高知県下における松田直則氏等による詳細な表面探査以外には、前述の悉皆調査以上の成果は得られていない現状がある。

こうした中で、勝瑞城館跡及び湯築城跡において、守護所の内部構造が明らかになってきたことは、他の城館跡との機能及び役割の差異を明確にすることができた点において評価することができる。この点については、重見論考が勝瑞城館跡について詳細かつ明確に解説を行っている。

能島城跡については、「海城」という芸予諸島に特徴的な城館跡として地域性が如実にクローズアップされてきた。大上論考がその特徴について、地域性を明らかにすることを念頭に個々の事例について詳細な解説を行っている。今後は、村上氏に代表される海を生活の拠点とした有力者の本質を明らかにするとともに、城郭の発生要因を明確にすることが求められる。

さらに、引田城跡においては香川県下における城郭への石垣の導入のありかたが明らかにされ、河後森城跡においては愛媛県と高知県の旧国境の先進的な城郭の形態等が判明したことが、今後の両県の城館跡との比較研究材料として有効な事例となった。

また、朝倉城跡において、長宗我部氏との対立関係にあった本山氏の城郭の詳細が判明し始めており、長宗我部氏の城郭との比較研究の進展が期待されている。

これらの発掘調査にもとづかない研究手法である縄張り調査として、先述の松田英治氏他三名による丹念な探査の結果、新たな遺跡の発見に繋がるとともに、既知の遺跡についても新たな遺構が発見される等、これまでの研究がさらに厚みを増したと言える。吉成論考は、高知県下に頻出する「畝状竪堀群」に焦点を当てることにより、四国地方全域における同遺構の意義について考察した先駆的な発信として位置付けることができる。

一方で、文献資料にもとづく研究は、近年の「戦国史」及び「城」ブームも後押しして、各地で研究会や講読会等が開催されることにより、着実に成果が蓄積されている。川島論考は、それを象徴する成果と考えられ、従来の香川県下における所在地不明の城郭の位置の特定とその存在意義について踏み込んでいる。

また、従前は第二次資料以下に取り扱われていた『南海通記』『南海治乱記』等の軍記物についても注視されていることは新しい展開と言える。

しかも従前は、学校教員や大学等の専門の研究者に依存してきた経緯がある中で、一般の歴史研究者や愛好家等が研究に参加する動向が認められるようになったことは特筆される現象である。

最近の新しい動向の一つとして、航空レーザー測量による赤色立体地図を用いた調査研究が進展していることに触れておきたい。

同測量は、樹木の繁茂に関わらず、地表面の詳細な立体地図を作成できることから、山上や丘陵上の城館跡の調査には画期的な手法と言える。高松市教育委員会が同市稲荷山古墳の測量を行った際に、偶然、近接する室山城跡の赤色立体地図が作成され、遺構の現状が明確になった。この航空レーザー測量については、経費が高額であるために普及する見通しは立っていないが、従来の縄張り調査との併用により、大きい成果が得られる可能性を有していることを指摘しておく。

三　四国地方の中世城館の特徴と歴史的意義

前述のとおり、四国地方の中世城館についての発掘調査の手法にもとづく研究は緒に着いた段階である。わずかな調査成果を拠り所として、同地方における中世城館の特徴に言及することは至難であるが、蓄積された縄張り調査の成果に依拠しながら、現状について纏めることにする。

まず、四国全県においても二七〇〇箇所以上の城館跡が知られることは、藤木久志氏によって主張された民衆の

「避難所」としての「村の城」の考え方を裏付ける事実であると考えられる。長宗我部氏以外には、有力な在地の戦国大名が成長しなかった四国地方においても、全国の戦国時代の社会情勢に共通した動向が存在したことがわかる。

一方で、摂津国石山本願寺に代表されるような、近畿地方を中心に展開した宗教者による城館跡の存在については明確になっていない。このことは、四国地方においては、国衆と比肩できた有力な宗教者が存在しなかったことを示唆するものと考えられる。

次に、重見論考が明らかにした阿波国守護所については、政治及び経済活動の拠点としての性格が濃厚であることから、守護所の機能については、従来の有事優先の考え方を改める必要が明瞭になった。これは、各地域の守護所に関する個別研究の遅延が招いた結果と言える。四国地方においては、これまでに伊予国守護所湯築城跡と土佐国守護所田村城跡の調査が実施された経緯があることから、勝端城跡の調査成果を基礎として、地方の守護所の役割や歴史的意義等について再度検証することが必要となるであろう。

大上論考で扱われた「海城」は、四国地方の瀬戸内海側の島嶼部の城館の特異なありかたの代表例と言える。村上氏の本拠地であるとともに、経済基盤としての芸予諸島という島と海を掌握することができた領主ならではの城館の経営形態である。この現象が同諸島の海域以上の広範囲に拡がらず、局所的なありかたであることが実証されるならば、村上氏という特定の集団の特殊な城館経営のありかたと認識することができる。

ところで、四国地方全域にわたって中世城館のありかたに強烈な影響を及ぼした事件としては、長宗我部氏による四国征服と、豊臣氏による四国支配を取り上げることが不可欠である。近年の調査研究により、両氏によって築城あるいは改修された城館については、明らかに在地の国衆や村民等によって建設・経営された城館とは、規模・形態・構造等が大きく異なっていることがわかってきた。

長宗我部氏及び豊臣氏の進入以前における城館は、守護所のような一部の特殊例を除いて、在地の国衆に代表される小領主や、農山村や漁村等の住民によって経営された小規模かつ簡素な避難所様の内容であったことがわかっているが、これに対して、まず長宗我部氏が四国征服に当たって四県の各地に展開した城館は、多数の広い曲輪を配置し、大規模な切岸や堀切等の防御施設を各所に的確に整備した攻城戦に対応することが可能な施設として現認されている。すなわち、在地で自生した城館跡と比較すると、規模が格段に大きいことと、遺構の造作が精巧かつ高い防御性を有する点において差異が明確である。さらに、香川県内の事例からは、曲輪の位置等を根拠として、防衛方向が北向きの瀬戸内海を望む方角を指向していることがわかっており、長宗我部氏の織田氏及び豊臣氏に対する戦闘態勢の現れと理解されている。

次の豊臣氏の進入後、支配下の武将によって開発された城館跡において、石垣跡が発見されていることが特筆できる。この様相については、全国のありかたに類似すると考えられるが、徳島県徳島市の一宮城跡、香川県の引田城跡がその最右翼である。

前者は、蜂須賀氏が阿波国入部の際に本拠地とした城館であり、後者は、生駒氏が讃岐国入部の際に一時本拠地とした城館である。両者ともに、在地の「土造り」を基本とした築城技術の中に、「石造り」の築城技術を導入した意味において、地方の城館のありかたを大きく変化させた事件として位置付けることができる。さらには、後代の徳島城及び高松城の出現の契機として位置付けることができる可能性を有していることも確実である。

四　今後の四国地方の中世城館研究の課題

中世城館の研究の主な方向性は、村田修三氏の在地領主制の研究に代表されるように、地域史及び在地構造分析を目的として、単位地域の経営形態及び構造等を解明することにある。現状においても、この目的は大きく方向転換していないと考えられる一方で、近年は、戦国大名による複数の異なる地域の支配形態や、織田氏及び豊臣氏による日本列島の相当広域にわたる支配形態の究明という新たな命題を加えることにより、研究目的・内容は多様化している。

こうした中で、いわゆる織豊系城郭の概念が設定されて以降、縄張り調査の成果が、ともすれば城館のパーツ論の議論に終始したり、文献資料の解読が、著名な大名の築城歴及び攻城歴を明らかにすることや、合戦の推移を詳細に解明することに執着したりする等、本来の目的が矮小化しているきらいがある。

今一度、研究開始当初の目的を顧みることにより、中世城館の研究が日本の中世史研究の主要な役割を担っていることを再認識することが肝要である。

ここでは、この点を踏まえた上で、これまでの所見を通して今後の四国地方において取り組むべき研究課題を纏めておきたい。

特に重要なことは、現在、相当数が蓄積されている縄張り調査成果にもとづく、城館跡相互の比較と類型化である。城館跡については、単位地域において有事の避難所様の機能を有することを前提にした場合、当該地域固有の土木・建築・軍事技術の集大成と位置付けることができる。すなわち、個々の城館跡について比較作業を行うことにより、単位地域が有する社会性の特徴を浮き彫りにすることができると考えられる。そして、その結果の類型化により、単位地域を超えた広域圏における集落の形態及び構造の解明に繋がることが期待され、漸くにして城館跡を手掛かりとした地域史の構築が可能になると考えられる。この点については、大上論考の「海城」が好例である。

この観点については、長宗我部氏及び織田・豊臣氏興隆以降の城館に対しては、より重要視することが求められるであろう。在地で自生した城館と外来の技術による城館の比較は、一地域史のみならず、四国地方全域あるいは全国において単位地域が果たした役割の事跡を明らかにすることができると考えている。

次に重要なことは、城館が有した機能について整理することである。城館の多くが避難所として位置付けられる中で、その機能については、軍事活動を主目的として築城されたものや、政治・経済活動の拠点として発展したもの、支配者の居住地として整備されたもの等、多岐にわたる機能及び使途を有するものが存在すると考えられている。

戦国時代の地域史を明らかにするための考古学的な材料は決して多くないことから、未破壊の城館跡に秘められた当時の社会を復元するための情報は必要不可欠である。これらの情報こそ、城館が有する機能及び使途を特定することができるものと考える。

最後は、近世城郭の出現の背景として中世城館を位置付けることの可否についての検討である。織豊期以降の外来の大名による築城の事例を多く見ることができる四国地方の地域性の中で、本題については慎重であるべきであると考える。本稿において石垣跡の存在を近世城郭の要素として例示したが、現存する近世城郭の研究において、在地の中世城館の要素の存否を明らかにすることから始めることが常套手段であることを強調しておきたい。

主要参考文献

第一章

【史料・史料集】

「城跡記」（小杉温邨『阿波国徴古雑抄』所載　一九一三）

「古将記」（小杉温邨『阿波国徴古雑抄』所載　一九一三）

『三好記』

「藤家忠勤録」（成立年不明）

【報告書等】

愛媛県教育委員会　一九八七『愛媛県中世城館跡分布調査報告書』

愛媛県埋蔵文化財センター　二〇〇二『中城跡・底なし田Ⅱ遺跡・元城跡』四国縦貫自動車道建設に伴う埋蔵文化財発掘調査報告書XIX　大洲市編

香川県教育委員会　二〇〇三『香川県中世城館跡詳細分布調査報告』

高知県教育委員会　一九八四『高知県中世城館跡分布調査報告書』

――　一九九〇『岡豊城跡』第1～5次発掘調査報告書

――　一九九八『高知県遺跡地図』

高知県文化財団埋蔵文化財センター　二〇〇八『西山城跡』四国横断自動車道建設に伴う埋蔵文化財発掘調査報告書

徳島県教育委員会　二〇一一『徳島県の中世城館―徳島県中世城館跡総合調査報告書』

中土佐町教育委員会　一九八四『久礼城跡』

葉山村教育委員会　一九九五・一九九六『姫野々城跡Ⅰ』『姫野々城跡Ⅱ』

【論文・著作等】

池田　誠　一九九六『地域から見た湯築城を考える』（道後湯築城跡を守る県民の会講演会レジュメ）

――　二〇〇三「中世城館詳細分布調査から見た香川の城郭」（香川県教育委員会　二〇〇三　掲載）

伊藤正一　一九七七「戦国期山城跡の畝形施設について」

（『かみくひむし』二七）

――― 一九八五「畝状阻障」（「第2回全国城郭研究者セミナー」資料）

大久保健司　二〇〇五「連続竪堀群からみた戦国土佐の城」（第二二回全国城郭研究者セミナー「陣城・臨時築城をめぐって」資料）

千田嘉博　一九八九「中世城郭から近世城郭へ―山城の縄張り研究から―」（『月刊文化財』三〇五）

田中寅吉　一九五九「与板城」（『越佐研究』八）

――― 一九五九「越後地方に多い城郭の特異施設」（『越佐研究』一五）

永恵裕和　二〇一二「畝状竪堀群からみた丹後国の城館」（第二九回全国城郭研究者セミナー「山城の実像を問う」資料）

村田修三　一九八五「戦国期の城郭―山城の縄張りを中心に―」（『国立歴史民俗博物館研究報告』八）

森清治ほか　二〇一一「木津城跡」（徳島県教育委員会二〇一一）

第二章

【史料・史料集】

香西成資　一九二六『南海通記』（弘成舎）

香川県　一九八六『香川県史』八 資料編 古代・中世史料

高瀬町　二〇〇二『高瀬町史』史料編

山口県　二〇〇一・二〇〇四・二〇〇八『山口県史』史料編中世二・中世三・中世四

天野忠幸編　二〇一五『戦国遺文 三好氏編』第三巻（東京堂出版）

土居聡朋・村井祐樹・山内治朋編　二〇一二『戦国遺文 瀬戸内水軍編』（東京堂出版）

東京大学史料編纂所　一九七〇『大日本古文書 家わけ 吉川家文書之二』

山口県文書館　一九六七『萩藩閥閲録』

【報告書等】

香川県教育委員会　一九九三『香川県歴史の道調査報告一〇 讃岐国往還調査報告書』

――― 二〇〇三『香川県中世城館跡詳細分布調査報告』

【著書・論文】

天野忠幸　二〇一〇『戦国期三好政権の研究』（清文堂出版）

国島浩正　一九八二「元吉合戦覚え書」(『香川の歴史』三)

多田真弓　二〇〇四「戦国末期讃岐国元吉城をめぐる動向」(『内海文化研究紀要』三二)　のちに天野忠幸編『論集戦国大名と国衆一〇　阿波三好氏』(岩田書院、二〇一二)に収録

中平景介　二〇一三「阿波大西氏に関する長宗我部元親書状について」(『四国中世史研究』一二)

橋詰　茂　一九九三「讃岐戦国史における元吉合戦の位置づけ」(『香川史学』二二)　のちに同『瀬戸内海地域社会と織田権力』(思文閣出版、二〇〇七)に収録

第三章

【自治体史】

藍住町史編纂委員会　一九六五『藍住町史』(臨川書店復刻)

板野郡教育会　一九七二『板野郡誌』(名著出版復刻)

【報告書等】

藍住町教育委員会　二〇〇五『勝瑞館跡第10次発掘調査概要報告書』

――　二〇〇六『守護町勝瑞遺跡東勝地地点発掘調査概要報告書Ⅰ　2次・3次・7次・8次調査―庭園及び礎石建物跡の調査―』

――　二〇〇七『勝瑞館跡第11次発掘調査概要報告書』

――　二〇〇八『勝瑞館跡第12次発掘調査概要報告書』

――　二〇〇九『勝瑞館跡第13次発掘調査概要報告書』

――　二〇一〇『勝瑞館跡発掘調査概要報告書―第6次・第9次・第14次調査―』

――　二〇一四『正貴寺跡発掘調査概要報告書―第1次・第2次調査―』

――　二〇一五『正貴寺跡発掘調査現地説明会資料』

徳島県教育委員会　一九九九『徳島県歴史の道調査報告書第一集　讃岐街道・撫養街道』

――　一九九九『勝瑞館跡　守護町勝瑞遺跡東勝地地点第3次発掘調査概要報告書』

――　二〇〇一『勝瑞館跡　守護町勝瑞遺跡東勝地地点第7次発掘調査概要報告書』

【著書・論文】

天野忠幸　二〇一四「戦国期阿波の政治史から考える勝瑞」(『勝瑞―守護町勝瑞検証会議報告書』徳島県教育委員会)

上田秀夫　一九八二「14～16世紀の青磁碗の分類について」（『貿易陶磁研究』二　日本貿易陶磁研究会）
小野正敏　二〇一七「勝瑞館の景観と権威空間としての意味」（石井伸夫・仁木宏編『守護所・戦国城下町の構造と社会―阿波国勝瑞』思文閣出版）
島田豊彰・大川沙織・石井伸夫　二〇一二「中世後期における阿波の流通―煮炊具、石造物、港津の視点から―」（『中近世土器の基礎研究』日本中世土器研究会）
本田　昇　一九八六・一九八七「阿波の中世城郭」上・下（『史窓』一七・一八　徳島地方史研究会）
山村亜希　二〇一四「勝瑞の立地と景観」（『勝瑞―守護町勝瑞検証会議報告書』徳島県教育委員会）

第四章

【史料・史料集】

土居聡朋・村井祐樹・山内治朋編　二〇一二『戦国遺文　瀬戸内水軍編』（東京堂出版）

【報告書等】

愛媛県教育委員会文化財保護課　二〇〇二『しまなみ水軍浪漫のみち文化財調査報告書―埋蔵文化財編』（愛媛県教育委員会）

【著作・論文】

網野善彦　一九九二「太平洋の海上交通と紀伊半島」（『網野善彦著作集　第十巻　海民の社会』岩波書店、二〇〇七）
鵜久森経峯　一九三九『伊予水軍と能島城趾』（能島史蹟保勝会）
榎原雅治　二〇〇八『中世の東海道をゆく』（中央公論新社）
中世城郭研究会　二〇〇八『中世城郭研究』二二
田中　謙　二〇一七「海の城」（『季刊考古学』一三九）
中井　均　一九九五「海賊の城」（『別冊歴史読本一四　古地図、発掘古写真が語る　戦国の城　近世の城』新人物往来社）
中本静暁　一九九五「元暦二年三月二十四日の壇ノ浦の潮流について」（『地域文化研究』一〇）
服部英雄　二〇一五『蒙古襲来』（山川出版社）
真鍋淳哉　二〇一八『シリーズ・実像に迫る16　戦国江戸湾の海賊　北条水軍vs里見水軍』（戎光祥出版）
村上和馬　一九八九「水軍の城郭」（『伊予史談』二七二）

山内　譲　一九九二「海城の構造」（山内譲『中世瀬戸内海地域史の研究』法政大学出版局、一九九八）

【図録】

村上海賊魅力発信推進協議会　二〇一七『村上海賊の城』

終　章

【著作・論文】

上山春平　一九八一『城と国家―戦国時代の探究』（小学館）

日和佐宣正　二〇一七「城郭に求められるもの―愛媛県伊予市の悉皆調査から―」戦乱の空間編集会『戦乱の空間』一六　ほか

藤木久志　一九九五『雑兵たちの戦場』（朝日新聞社）

松田直則　二〇一四「長曾我部氏の城郭」萩原三雄・中井均編『中世城館の考古学』高志書院　ほか

松田英治　二〇一一「近世城郭を彷彿する縄張りの勝賀城」香川県文化財保護協会編『文化財協会報　平成二十三年度特別号』ほか

村田修三　一九八〇「城跡調査と戦国史研究」（『日本史研究』二一一）

執筆者紹介（五十音順）
大上 幹広（おおうえ　みきひろ）
今治市村上水軍博物館／伊予史談会
川島 佳弘（かわしま　よしひろ）
坂の上の雲ミュージアム／香川歴史学会
重見 高博（しげみ　たかひろ）
藍住町教育委員会／徳島地方史研究会
西岡 達哉（にしおか　たつや）
香川県埋蔵文化財センター（大会時は香川県立ミュージアム）
吉成 承三（よしなり　しょうぞう）
高知県立埋蔵文化財センター／高知海南史学会
＊編集担当
御厨 義道（みくりや　よしみち）
香川県立ミュージアム／香川歴史学会

四国の中世城館

岩田書院ブックレット
歴史考古学系H26

2018年（平成30年）12月　第1刷　800部発行　**定価［本体1300円＋税］**

編　者　四国地域史研究連絡協議会

発行所　有限会社岩田書院　代表：岩田　博　http://www.iwata-shoin.co.jp
〒157-0062　東京都世田谷区南烏山4-25-6-103　電話 03-3326-3757　FAX 03-3326-6788
組版・印刷・製本：藤原印刷

ISBN978-4-86602-064-8　C1321　￥1300E

岩田書院ブックレット 歴史考古学系H

①	史料ネット	平家と福原京の時代	1600円	2005.05
②	史料ネット	地域社会からみた「源平合戦」	1400円	2007.06
③	たばこ塩博	広告の親玉赤天狗参上！	1500円	2008.08
④	原・西海 ほか	寺社参詣と庶民文化	1600円	2009.10
⑤	田村 貞雄	「ええじゃないか」の伝播	1500円	2010.04
⑥	西海・水谷ほか	墓制・墓標研究の再構築	1600円	2010.10
⑦	板垣・川内	阪神淡路大震災像の形成と受容	1600円	2010.12
⑧	四国地域史	**四国の大名**	品切れ	2011.04
⑨	市村高男ほか	石造物が語る中世の佐田岬半島	1400円	2011.08
⑩	萩原研究会	村落・宮座研究の継承と展開	1600円	2011.09
⑪	四国地域史	**戦争と地域社会**	1400円	2011.10
⑫	法政大多摩	文化遺産の保存活用とNPO	1400円	2012.03
⑬	四国地域史	**四国の自由民権運動**	1400円	2012.10
⑭	時枝・由谷ほか	近世修験道の諸相	1600円	2013.05
⑮	中世史サマーセミナー	日本中世史研究の歩み	1600円	2013.05
⑯	四国地域史	**四国遍路と山岳信仰**	品切れ	2014.01
⑰	品川歴史館	江戸湾防備と品川御台場	1500円	2014.03
⑱	群馬歴史民俗	歴史・民俗からみた環境と暮らし	1600円	2014.03
⑲	武田氏研究会	戦国大名武田氏と地域社会	1500円	2014.05
⑳	笹原・西岡ほか	ハレのかたち－造り物の歴史と民俗－	1500円	2014.09
㉑	四国地域史	**「船」からみた四国**－造船・異国船・海事都市－	1500円	2015.09
㉒	由谷 裕哉	郷土の記憶・モニュメント	1800円	2017.10
㉓	四国地域史	**四国の近世城郭**	1700円	2017.10
㉔	福井郷土誌懇	越前・若狭の戦国	1500円	2018.06
㉕	加能・群馬	地域・交流・暮らし	1600円	2018.11